AF524635

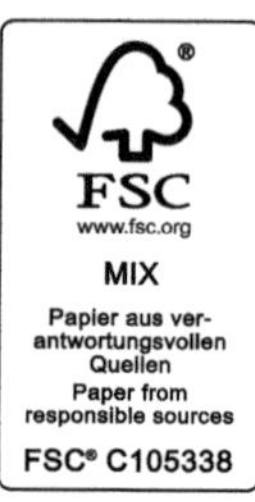

Bibliografische Information der Deutschen Nationalbibliothek:
Die Deutsche Nationalbibliothek verzeichnet diese Publikation in der Deutschen Nationalbibliografie; detaillierte bibliografische Daten sind im Internet über http://dnb.dnb.de abrufbar.

Herstellung und Verlag: BoD – Books on Demand, Norderstedt

ISBN 978-3-7504-2069-4

THE NEW TAROT

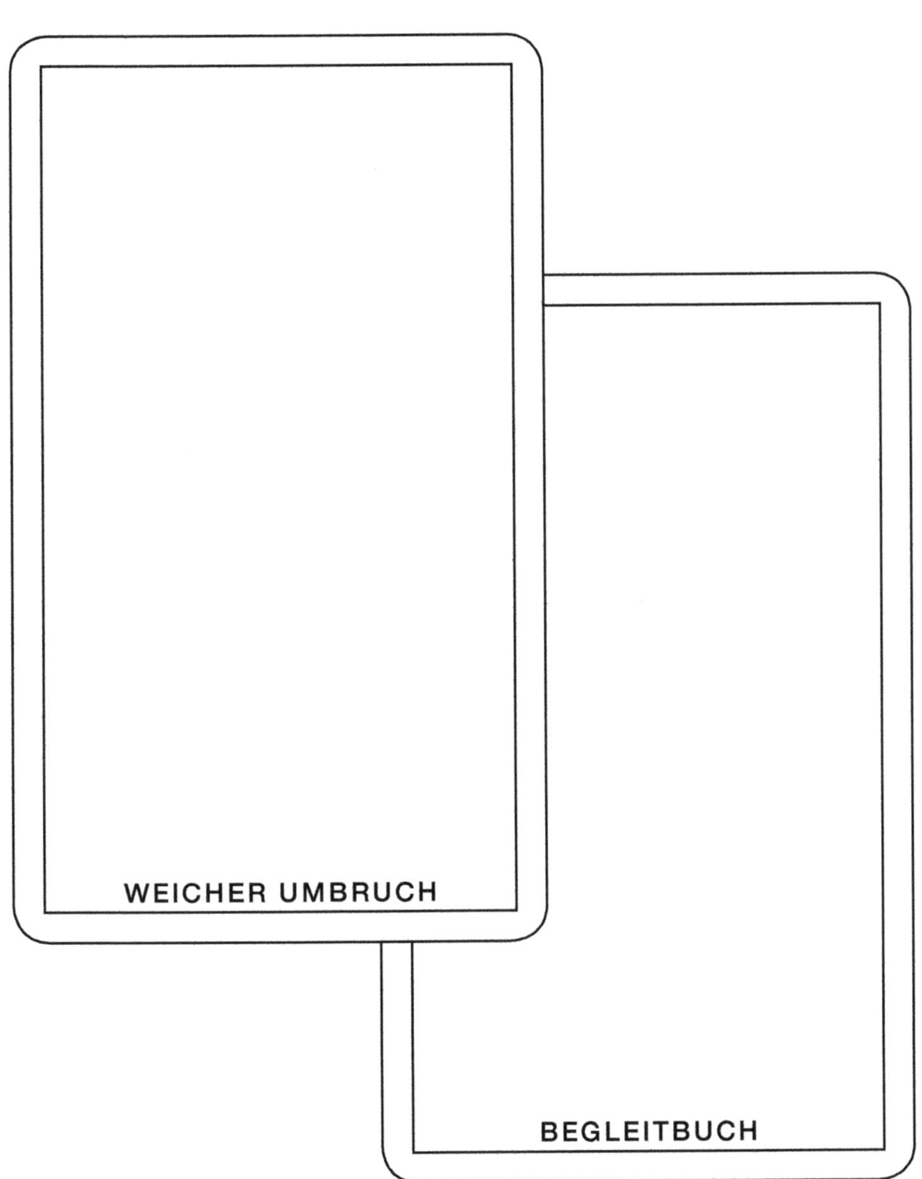

Inhalt

«Es hatte damals gerade eine neue Zeit begonnen (denn das tut sie in jedem Augenblick), und eine neue Zeit braucht einen neuen Stil», heisst es in Robert Musils *Mann ohne Eigenschaften*. Es bleibt auch uns selbst im Verborgenen, ob wir uns wegen des Zeitpunktes oder des Stils durch Bücher, Internetforen und eine Vielzahl alter und neuer Tarot-Decks gearbeitet haben. Wir versuchten, diese Sprache des archaischen Symbolismus' zu verstehen und die Mischung aus Religion, Astrologie, Numerologie und Humanismus in eine zugängliche Form zu packen. «Den Spass in die Esoterik zurückbringen (wenn er denn jemals vorhanden war)», nannten wir unser Vorgehen, bei dem wir alle 78 Tarot-Karten mit ihrer Fülle an Bildern, Symbolen, Referenzen und Anspielungen analysierten und für einmal mit einem – für unsere Verhältnisse – Mindestmass an Vektoren überarbeiteten. Unser Anspruch war, das Deck zugänglicher und ansprechender zu machen, gleichzeitig sollte es für geübte Kartenleger wiedererkenn- und anwendbar sein.

Anders als häufig vermutet, ist das esoterische Tarot-Legen erst im 18. Jahrhundert entstanden. Antoine Court de Gébelin kam in einem Pariser Salon als erster zu der Überzeugung, dass hinter den Spielkarten mehr stecken müsse als bisher angenommen. Die ersten Tarot-Karten waren bereits 1435 an den Höfen der Visconti und Sforza in Mailand bekannt und beliebt. Der Unterschied zu den üblichen Spielkarten war das Hinzufügen von 22 Trümpfen: der grossen Arkana. Nach einer raschen Verbreitung in Adelskreisen kamen die neuen Spielkarten dann in die Schweiz und nach Frankreich.

Das *Tarot de Marseille* hatte sich schon lange als Klassiker etabliert, bevor 1888 in London der *Hermetische Orden der Goldenen Morgenröte* ins Leben gerufen wurde. Die Bruderschaft befasste sich hauptsächlich mit Tarot und dessen angeblich jahrtausendealten Geheimnissen. Zwei der Mitglieder gaben sogar eigene Tarot-Decks heraus: Eines davon ist das *Rider Waite-Tarot*, das 1910 von Arthur Edward Waite konzipiert und von der Zeichnerin Pamela Colman Smith illustriert wurde. Dieses Kartendeck hat sich in der Folge zum Standard des Kartenlegens entwickelt und diente uns bei der Gestaltung als Vorlage für unsere Interpretation.

Die grosse Arkana («das grosse Geheimnis») beginnt mit *Dem Narren*. Oder eben auch nicht, denn *Der Narr* trägt die Nummer 0, die einzige nicht-römische Ziffer im Spiel. Ihres Aussenseitertums wegen ist nicht klar, ob die Karte am Anfang oder am Ende der Geschichte steht, obwohl oder gerade weil die Ziffer 0 in der Numerologie unendliches Potenzial verspricht.

Der Narr strebt nach Erkenntnis – er ist ein naiver Sünder, der sich auf der Suche nach Erlösung durch 21 weitere Bildmotive bewegt. Am Ende wartet *Die Welt*, eine Karte, die die grosse Arkana enden oder eben wieder von vorne beginnen lässt.

Bei der kleinen Arkana werden anstelle der uns bekannten Farben die Symbole Stab, Kelch, Münze und Schwert verwendet – wie es auch heute noch auf den klassischen Spielkarten in Spanien und Italien der Fall ist. Zehn Zahlenkarten plus Ass, Bube, Ritter, Königin und König bilden eine Gruppe, wobei jede Gruppe eines der vier Elemente – Feuer, Wasser, Luft und Erde – verkörpert. Anstelle der grossen Themen, die bei den Trümpfen behandelt werden, sind es hier eher Anekdoten oder Parabeln. Eine der Neuerungen bei den überarbeiteten Kartendecks, die aus dem *Hermetischen Orden der Goldenen Morgenröte* hervorging, war nämlich, dass die kleine Arkana überhaupt bebildert wurde.

Obwohl die Vorlage nicht jahrtausendealt ist, gibt es eine Vielzahl von Verklausulierungen bezüglich Kleidung, gesellschaftlicher Ränge und Werte, die durch das Erscheinungsdatum bedingt ist. Dies erschwerte oder verunmöglichte uns oft ein Verständnis durch das reine Betrachten der Karten. Selbst wenn wir uns der Inhalte gewahr wurden, fiel es uns schwer, die eindimensionalen, repetitiven und manchmal schlecht entzifferbaren Gesichter intuitiv zu interpretieren. Durch das Illustrieren mit prominenten Persönlichkeiten, Figuren, Gegenständen und Symbolen aus der Popkultur – und ein wenig Kunst – wollten wir die Karten in die heutige Zeit rücken. Dabei achteten wir akribisch auf das Einbeziehen aller Details. Der visuelle Aufbau ist für Kenner des *Rider Waite-Tarots* problemlos wiedererkennbar – ein Vergleich mit dem Vorbild ist daher lohnenswert.

Die auf den Karten erzählten Geschichten zu verstehen, ist die Voraussetzung, um sie auch deuten zu können Und so möchten wir dem Leser mit diesem Begleitbuch eine Möglichkeit bieten, die Karten kennenzulernen und sich eine eigene Deutungshoheit anzueignen. Vielleicht ist es ja an der Zeit, ein altes Spiel wiederzuentdecken, denn: Wie schon so oft hat gerade eine neue Zeit begonnen, «und eine neue Zeit braucht einen neuen Stil».

Zürich, Dezember 2019
Weicher Umbruch,
Andrea Münch und Markus Läubli

Grosse Arkana

Die 22 Karten, auch Trümpfe genannt, die Einzelmotive zeigen, einen Namen tragen und von 0–XXI nummeriert sind. Arkana ist der Plural des lateinischen Wortes *Arcanum* (Geheimnis).

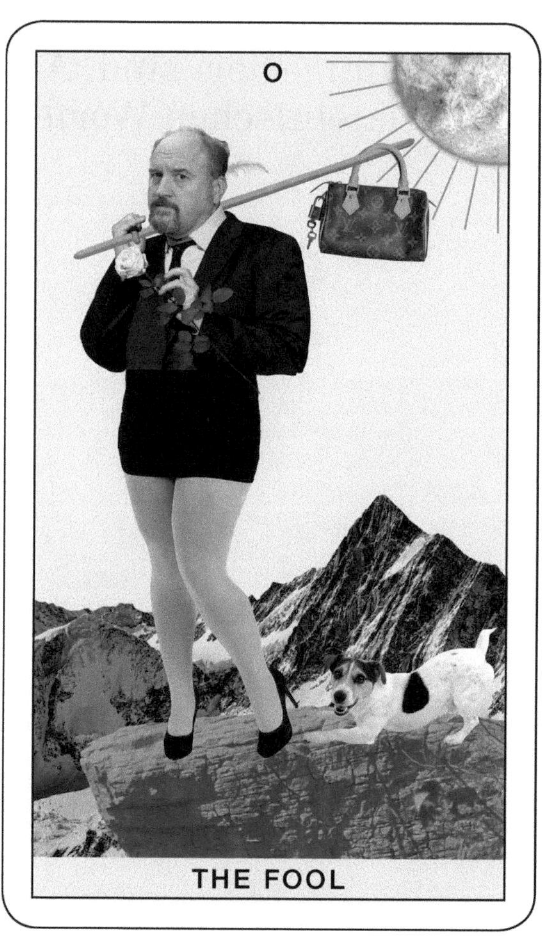
O
THE FOOL

Überraschungen

Der Komiker Louis C.K. bewegt sich, keiner Gefahr bewusst, in verhältnismässig völlig unpassender Kleidung, auf einen Abgrund zu. Er trägt einen leichten Beutel (von *Louis Vuitton*) mit sich, ist also ein von Besitz unbeschwerter Minimalist, und eine weisse Rose, die Reinheit und Unschuld symbolisiert. Ein kleiner Hund – als Vertreter des Instinkts – warnt ihn vor Abgründen und Gefahren und ist dicht hinter ihm. Die weisse Sonne steht für die Naivität und Unschuld, die *Den Narren* verkörpern. Die schneebedeckten Gipfel im Hintergrund lassen die Höhen erkennen, die *Der Narr* erreichen kann, ohne es in diesem Moment zu ahnen. Die Zahl 0 steht in der Numerologie für unlimitiertes Potenzial. Die Karte kann daher, je nach Auslegung, am Anfang oder am Ende der grossen Arkana gesehen werden.

Der Narr steht für die neugierige, offene und experimentierfreudige Seite und für spontanes Handeln. Er vermag gut zu improvisieren, kann aber auch für manche Überraschung sorgen und Chaos anzetteln.

Liebe und Beziehung Lockerheit, Spiel und Freude
Beruf Neuanfang, Laienhaftigkeit
Allgemein Unbekümmertheit, Neubeginn, Chaos

I The Magician / Der Magier

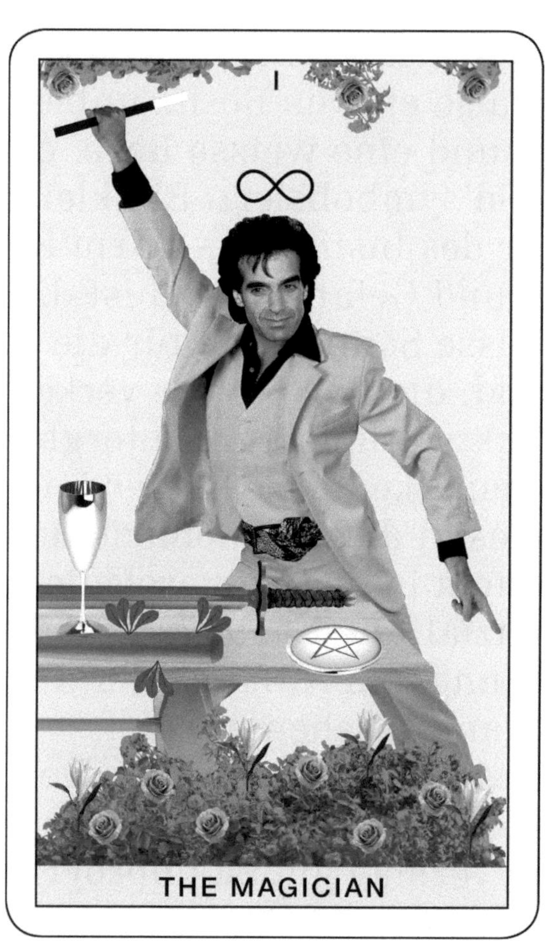

Willenskraft

Was macht eigentlich David Copperfield? Er ist auf der Karte I der grossen Arkana, die für Anfänge und Möglichkeiten steht. Der Schlangengürtel (Macht), den er um die Hüfte trägt, korrespondiert mit dem Unendlichkeitszeichen über seinem Kopf, da dieses als abstrakte Form einer sich in den eigenen Schwanz beissenden Schlange gesehen werden kann. Gekleidet in einen energetischen roten Mantel hält er einen Stab und drückt durch die Geste seiner Arme – die übrigens die Pose von John Travolta in *Saturday Night Fever* ist – seine Verbindung zum Oben und Unten aus. Vor ihm liegen alle vier Symbole der kleinen Arkana, jedes ein Platzhalter für die vier Elemente Luft, Wasser, Feuer und Erde. Sie zeigen die zu meisternden Aufgaben auf dem Weg zur *Welt* und liegen auf einem viereckigen Tisch von Jean Prouvé, der die Wirklichkeitsebene verkörpert. Die roten Rosen symbolisieren die göttliche Liebe, die weissen Lilien die seelische Reinheit.

Der Magier steht für Aktivität, für Ideen und die Kraft, etwas in Bewegung zu setzen, Probleme zu lösen und Aufgaben zu meistern.

Liebe und Beziehung Faszination, Gestaltungswille, Anziehungskraft
Beruf Meisterschaft, Einflusskraft, Erfolg
Allgemein Einflusskraft, Initiative, aktives Handeln

II The High Priestess / Die Hohepriesterin

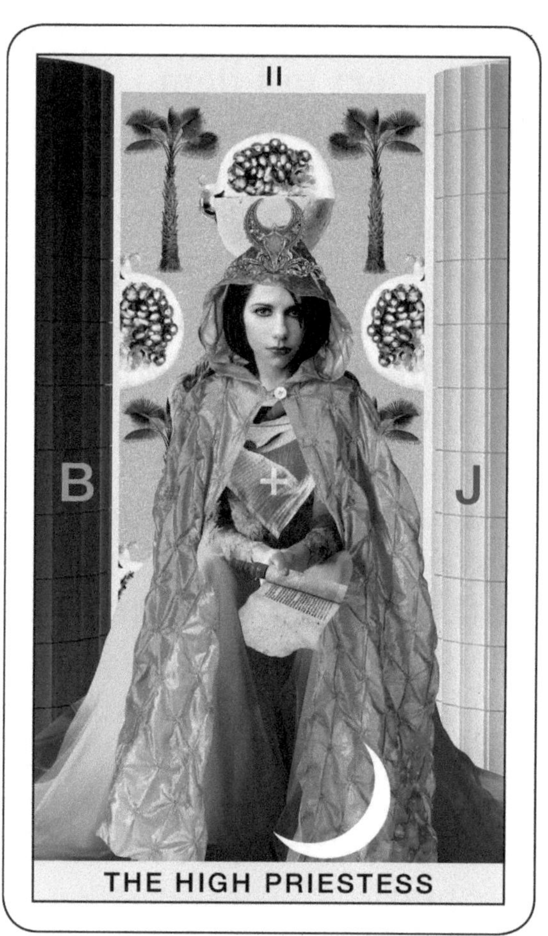

Grosse Arkana

Empfänglichkeit

Im Eingang des Salomonischen Tempels sitzt PJ Harvey mit ihrer Mondkrone und der Mondsichel zu ihren Füssen – beides Zeichen der Weiblichkeit, Intuition und des Unterbewussten. Die nach oben offenen Säulen stehen für Empfänglichkeit, die Säulen an sich für Polarität und den Ausgleich zwischen den Polen: Boas und Jachin, Mann und Frau, Schwarz und Weiss, Hell und Dunkel. Das Tuch im Hintergrund verhüllt Unsagbares, hütet ein Geheimnis. Die Granatäpfel auf dem Stoff weisen auf Fruchtbarkeit hin, allerdings nur auf die weibliche – die Palmen stehen für das männliche Äquivalent. Das Tuch als Schleier zu betrachten, der abgestreift werden kann, weist mehr oder weniger subtil auf ihre Jungfräulichkeit hin, die sie im richtigen Moment hinter sich lassen wird. Die Tora in ihrem Schoss zeigt, dass sie intuitiv die göttlichen Gesetze versteht und milde leiten und entscheiden wird.

Die Hohepriesterin verkörpert intuitives Wissen und die Bereitschaft, geduldig auf die richtige Gelegenheit zu warten.

Liebe und Beziehung Tiefes Verständnis, Seelenverwandtschaft, Bereitschaft
Beruf Instinktsicherheit, Vertrauen, geführt zu werden
Allgemein Feingespür, Geduld, Medialität, Hingabe

III The Empress / Die Herrscherin

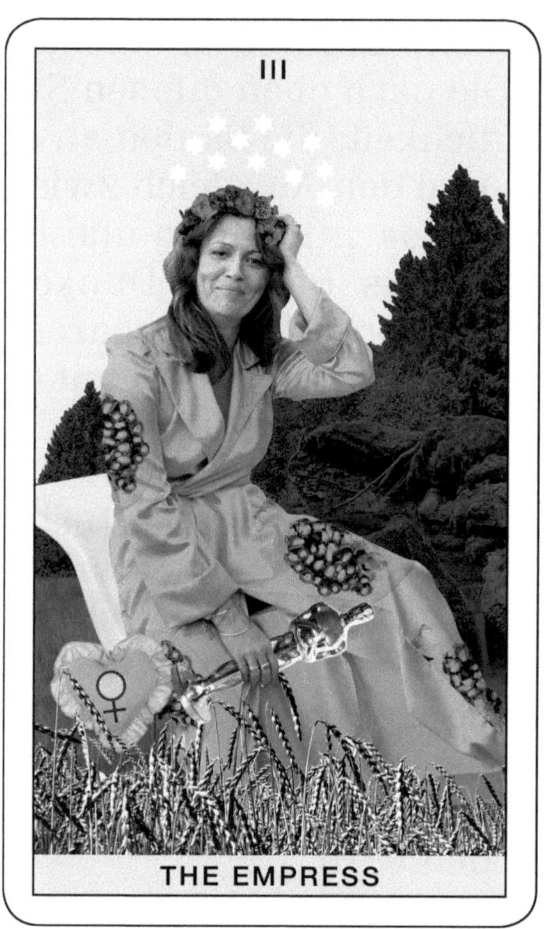

Lebendigkeit

Sie trägt eine Krone, über der 12 Diamanten schweben. Diese stehen für die 12 Monate eines Jahres und die 12 Tierkreise. Der *Oscar* in ihrer Hand zeichnet sie als *Herrscherin* über den Erdball aus. Faye Dunaway, auf der berühmten Fotografie von Terry O'Neill am Pool des *Beverly Hills Hotel,* sitzt bequem auf *La Chaise* von Charles und Ray Eames. Das herzförmige Kissen trägt das Zeichen der Venus, das Friedlichkeit repräsentiert. Das Granatapfel-Muster ihres Morgenmantels steht für weibliche Fruchtbarkeit, das Kornfeld und der Wald im Hintergrund für Lebenskraft und die Kraft der Natur. Anders als *Die Hohepriesterin* ist sie nicht nur fruchtbar, sondern vermutlich bereits schwanger.

Die Herrscherin verkörpert Mutter Natur und Wachstum, Fruchtbarkeit und alles Lebendige. Sie ist die Weiblichkeit in Person.

Liebe und Beziehung Lebendigkeit, neue Beziehung, Zuwachs
Beruf Gute Entfaltung, kreative Aufgabe, gesunde Basis
Allgemein Wachstum, einen fruchtbaren Boden betreten

IV The Emperor / Der Herrscher

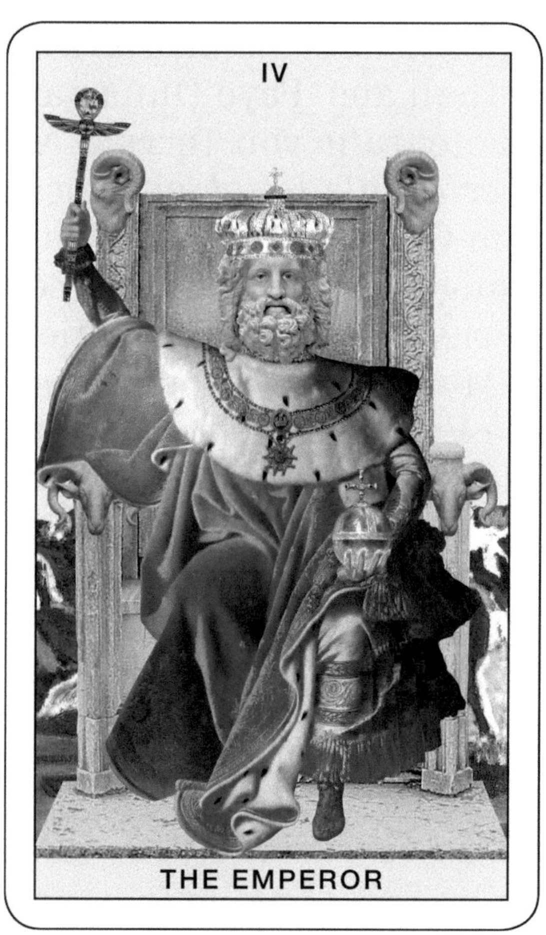

Verwirklichung

Ist *Die Herrscherin* die Mutter der grossen Arkana, so ist *Der Herrscher* ihr Vater. Zeus' Kopf auf Napoleons Körper hält links das ägyptische Symbol des Lebens *Ankh* und rechts den Reichsapfel (Herrschaft) in der Hand. Unter dem Mantel trägt der *Herrscher* eine Rüstung, wie es beim linken vorgeschobenen Fuss sichtbar wird. Das zeigt seine Konfliktbereitschaft, aber auch den Schutz, den er zu geben bereit ist. Sein langer Bart und die Krone weisen ihn als autoritäre Figur aus, die sich Gehör verschaffen will. Der steinerne, rechteckige Thron (aus der Sammlung von Peggy Guggenheim im Garten des *Palazzo Venier dei Leoni* in Venedig) zeigt seine Gradlinigkeit, die Widderköpfe Führungsanspruch. Die Felsen von Ferdinand Hodler im Hintergrund stehen für die harte Wirklichkeit, aber auch für seine solide Grundhaltung, die er nur im äussersten Notfall überdenkt.

Der Herrscher steht für Wirklichkeitsnähe, Verantwortung, Sicherheit, Beharrlichkeit, Ordnung und klare Strukturen.

Liebe und Beziehung Gefestigte Beziehung, Sicherheit
Beruf Nägel mit Köpfen machen, klare Ziele, Erfolg
Allgemein Pläne verwirklichen, Ordnung schaffen

V The Hierophant / Der Hierophant

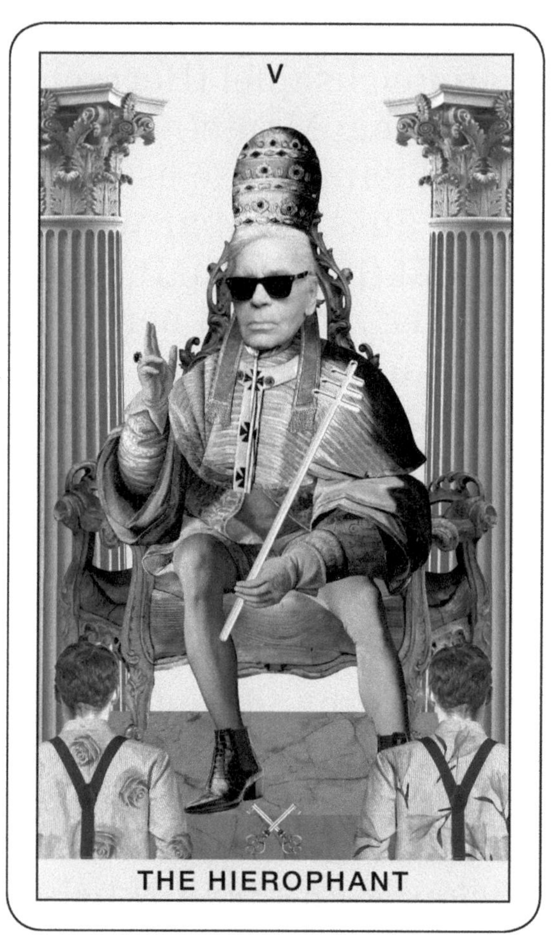

Zuversicht

Ein *Hierophant* ist so etwas Ähnliches wie ein Papst in der griechischen Antike. Er ist das männliche Gegenstück zur *Hohepriesterin* und wird oft als geistiger Führer oder Lehrer dargestellt. Der Papst der Mode trägt eine dreifache Krone, drei verschiedene Stoffe, und drei Kreuze auf der Borte zieren sein Gewand: Die Triptychen stehen für die Bereiche Körper, Seele und Geist. Wie *Die Hohepriesterin* sitzt er im Eingang eines Tempels zwischen zwei korinthischen Säulen und gibt seinen Jüngern Schutz und Segen. Sie tragen Muster aus roten Rosen (göttliche Liebe) und weissen Lilien (seelische Reinheit). Zwei Finger seiner rechten Hand zeigen zum Himmel, zwei zur Erde. Das dreifache Kreuz in der Linken unterstreicht seinen religiösen Status. Der Schlüssel zu Karl Lagerfelds Füssen ist das Wappen der Päpste, zeigt aber auch die Balance zwischen dem Bewussten und dem Unterbewussten, die nur er fähig ist zu lehren.

Der Hierophant steht für Sinnsuche und Sinnfindung, für Optimismus und Vertrauen, aber auch für Schutz und Führung.

Liebe und Beziehung Gegenseitiges Vertrauen, Aufrichtigkeit, Heirat
Beruf Sinnvolle Aufgabe, ethische Gesinnung
Allgemein Sinnvolle Erfahrung, Vertrauen, guter Rat

VI The Lovers / Die Liebenden

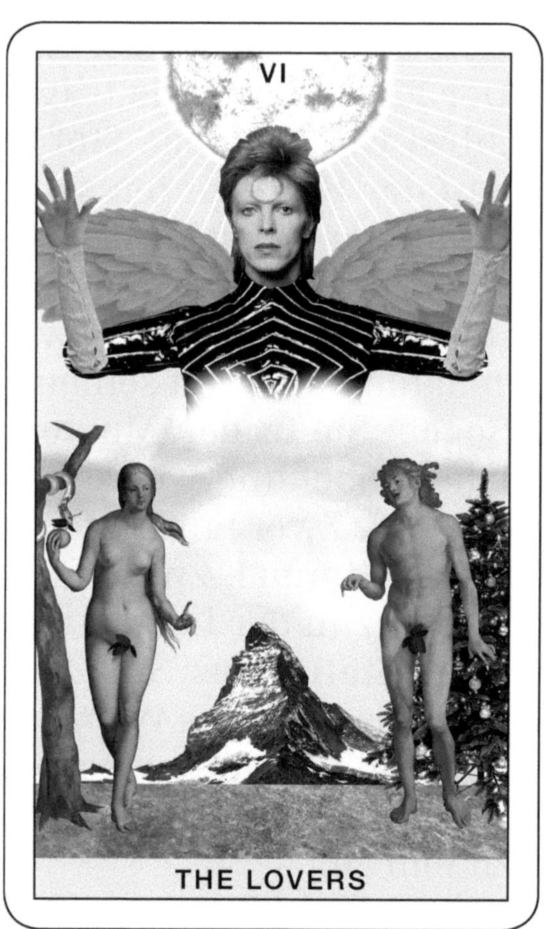

Grosse Arkana

Der Weg des Herzens

Die Mittagssonne steht für einen Höhepunkt, Licht und Glück. Zwischen den Wolken erscheint Erzengel Raphael, der Schutzengel der *Liebenden*, hier vertreten durch David Bowie. Er segnet *Adam und Eva* (aus dem gleichnamigen Gemälde von Albrecht Dürer) im Zustand vor dem Sündenfall – die Schlange, und vor allem die Äpfel sind immer noch am Baum der Erkenntnis. Nackt (noch unschuldig) tummeln sich die beiden zwischen Paradiesbäumen, dabei bildet ihre gegenseitige Anziehung die Urpolarität ab. Die 12 Flammen am Baum hinter Adam stehen für die Leidenschaft, die beim Setzen des richtigen Fokus eine grosse Ablenkung für den Menschen darstellt. Im Hintergrund ragt das Matterhorn empor – das Ausbrechen der Erde angesichts zwei sich gegenüberstehender nackter Menschen – das durchaus phallisch gelesen werden kann.

Die Liebenden steht für die Anziehungskraft der Gegensätze, für den Herzensweg und für liebevolle Entscheidungen.

Liebe und Beziehung Grosse Liebe, Entschiedenheit
Beruf Mit dem Herzen bei seiner Aufgabe sein
Allgemein Freie Entscheidung, volle Bejahung

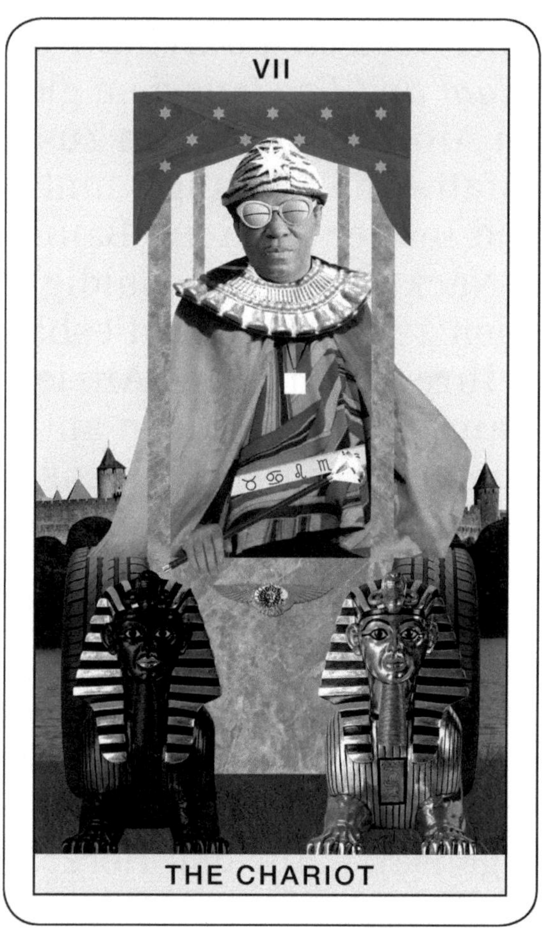
VII
THE CHARIOT

Zuversichtlicher Aufbruch

Sitzen ist nicht die Sache des Wagenlenkers Sun Ra. Die schwarze und die weisse Sphynx, die vor seinen *Wagen* gespannt sind, wollen in verschiedene Richtungen: Er muss sie mit ganzer Kraft lenken und in die richtige Richtung bringen. Er hält allerdings keine Zügel, sondern einen Stab (wie auch *Der Magier*), der zeigt, dass er die Situation mit der Kraft seines Willens und Geistes lenkt. Sun Ra ist geschmückt mit einem achteckigen Stern auf der Stirn (vom Himmel kommend) und einem Quadrat um den Hals (auf Erden wirkend). Um seinen Bauch trägt er einen Gürtel mit Tierkreiszeichen. *Der Wagen* ist geschmückt mit einer geflügelten Sonne, dem Zeichen des Sonnenhelden, seine Decke ist das Himmelszelt. Die Stadt im Hintergrund symbolisiert den Aufbruch, der Fluss die Wichtigkeit des «Im-Fluss-Seins» mit dem Rhythmus des Lebens.

Der Wagen steht für den freudigen Aufbruch, für die Überwindung von Widersprüchen und für zügiges Vorankommen.

Liebe und Beziehung Neue Verbindung, frischer Wind, Konflikte überwinden
Beruf Neubeginn, Selbstständigkeit, Pioniergeist
Allgemein Mut, Unternehmungslust, Umzug, Reise

VIII Strenght / Kraft

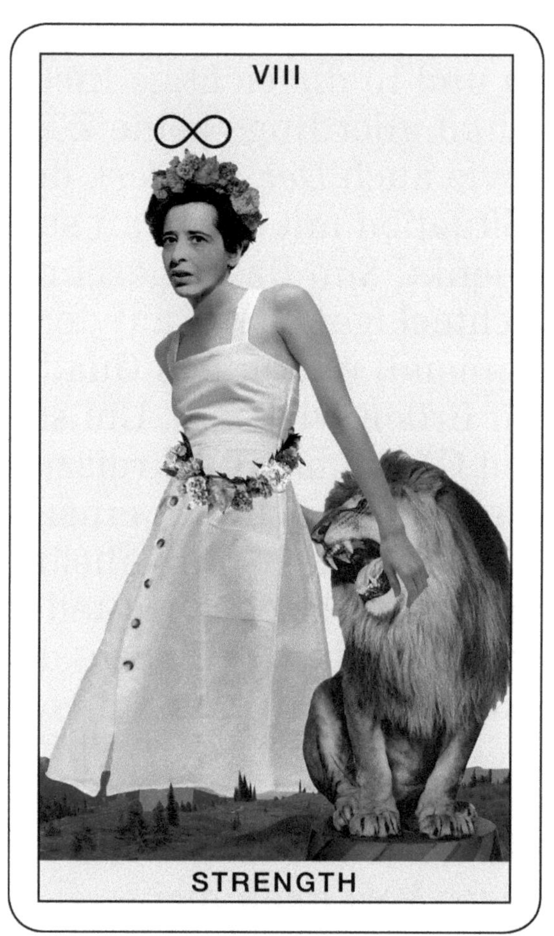

Lebenslust

Sanft schliesst Hannah Arendt das Maul des Raubtiers und zähmt es liebevoll. Der *Metro-Goldwyn-Mayer*-Löwe, die wilde, leidenschaftliche Kraft der Instinkte, lässt es sich gefallen. Das weisse Kleid Arendts steht für die Reinheit, die Blumenkette für Sanftheit und die Unendlichkeitsschleife über dem Kopf für den steten und harmonischen Austausch zwischen dem zivilisierten Menschen und der animalischen Natur.

Die Kraft steht für die liebevolle Zähmung der Instinkte und die gelungene Meisterung der Triebe, aber nicht für deren Abspaltung oder Unterdrückung. Deshalb signalisiert sie Lebensfreude, Lust und Leidenschaft.

Liebe und Beziehung Lust, Leidenschaft, Dramatik
Beruf Engagement, Erfolg, Kampfbereitschaft
Allgemein Vitalität, Lebenslust, die Krallen zeigen

IX The Hermit / Der Eremit

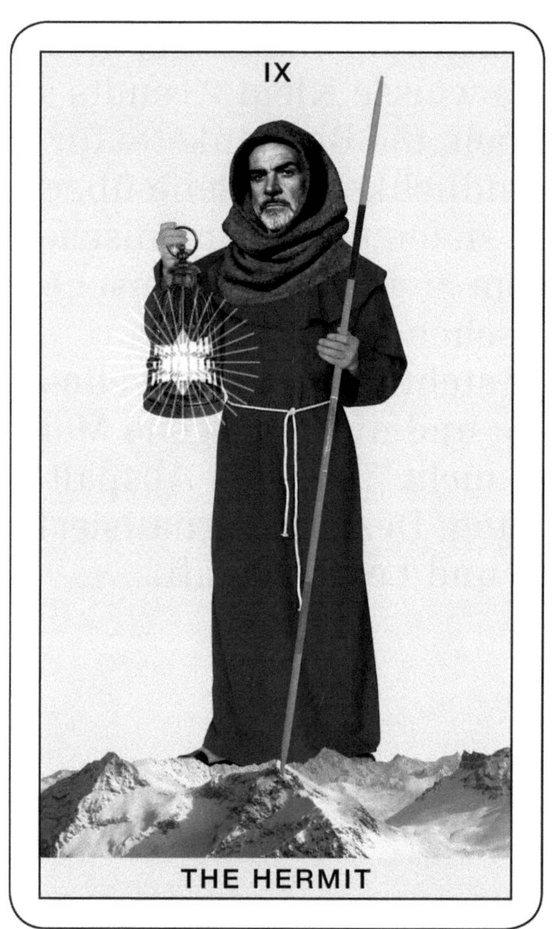

Grosse Arkana

Eigenart

Auf der schneebedeckten Höhe der Erkenntnis steht der *Eremit* Sean Connery, in der Rolle des William von Baskerville in Umberto Ecos *Der Name der Rose.* Er hat sich entschlossen, sich in Abgeschiedenheit mit sich selbst auseinanderzusetzen und hat ein hohes Stadium des Bewusstseins erreicht. Sein graues Gewand zeigt seine äussere Schlichtheit, die Kapuze schirmt ihn gegen Fremdeinflüsse ab. In der linken Hand hält er einen (Mikado-)Stab, ein Zeichen für Autorität und Kraft, der ihm Halt verleiht. Seine Laterne weist Sean Connery die nächsten paar Schritte, allerdings nicht den gesamten Weg. Er muss immer weitergehen, ohne zu wissen, was vor ihm liegt. Der in der Laterne leuchtende Sechsstern ist das Salomonische Siegel und ein Zeichen für Weisheit.

Der Eremit steht für innere Sammlung, für Selbsterkenntnis und die Treue zu sich selbst. Er bedeutet, etwas besonnen und mit angemessenem Ernst in eigener Weise zu tun.

Liebe und Beziehung Sich selbst treu sein, Ernsthaftigkeit
Beruf Überprüfen der eigenen Ziele, den eigenen Weg gehen
Allgemein Alleinsein, abschalten, Stille, sich besinnen

X Wheel of Fortune / Rad des Schicksals

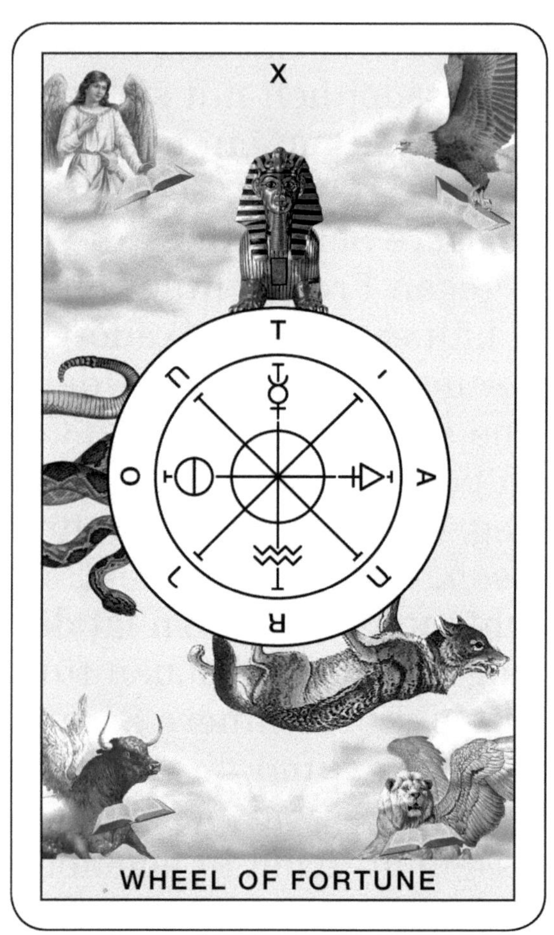

Der richtige Zeitpunkt

Die vier hebräischen Buchstaben YHVH (Yod Heh Vau Heh), der unaussprechliche Name Gottes, sind in das grosse Rad inskribiert. Die Buchstaben TORA können für die Tora, allerdings auch für TAROT oder auch für ROTA (lateinisch: Rad) stehen. Der mittlere Kreis trägt die alchemistischen Symbole für Merkur, Sulphur, Wasser und Salz, vier Elemente, die für prägende Kraft und die Wandlung vom Niederen zum Höheren stehen. An den äusseren Rändern des Rades sind eine Schlange (das Böse), ein Schakal oder *Anubis*, der die Seelen in der Unterwelt willkommen heisst, und die Sphynx, die Wissen und Stärke verkörpert, zu sehen. Die drei stehen für das Werden, Sein und Vergehen. Die vier Evangelisten (oder die Sternzeichen Wassermann, Skorpion, Löwe und Stier) lesen in jeder Ecke in der Tora, ihre Flügel sind die Stabilität inmitten der Bewegung.

Das *Rad des Schicksals* steht für das Rad der Zeit, das im Laufe des Lebens eine Aufgabe nach der anderen hervorbringt, aus denen sich – Mosaiksteinen gleich – das Bild unserer Lebensaufgabe ergibt.

Liebe und Beziehung Die richtige Zeit, anstehende Probleme zu lösen, schicksalhafte Verbindung
Beruf Aufgaben, die jetzt anstehen, Weg der Berufung
Allgemein Die richtige Zeit, sich der Aufgabe oder dem Thema zu widmen

XI The Justice / Die Gerechtigkeit

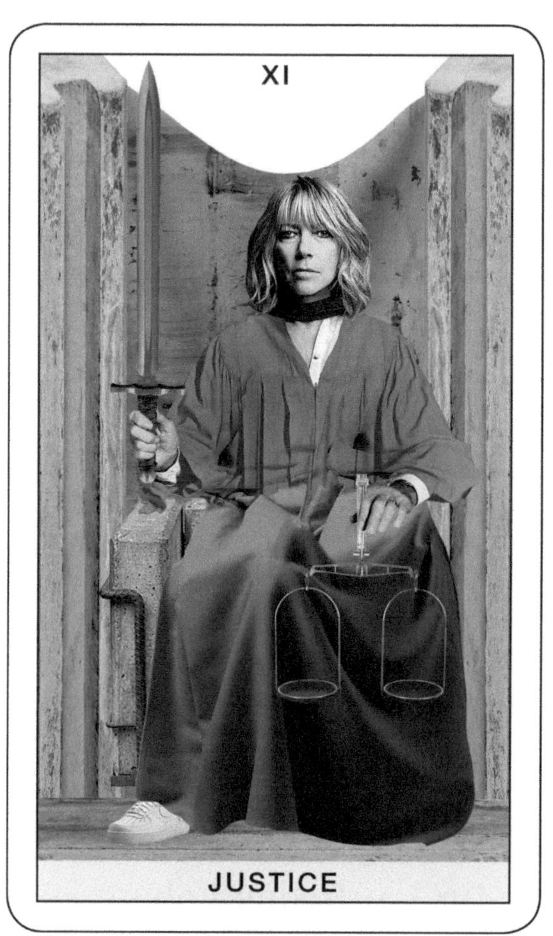

Das kluge Urteil

Vor einem goldenen Hintergrund hängt ein violetter Vorhang, der von der Strukur des Gemäldes *Cage f.ff. II* (Gerhard Richter) geprägt ist und die Grenze zwischen Menschlichem und Göttlichem verkörpert. Wie *Die Hohepriesterin* und *Der Hierophant* sitzt Kim Gordon in der Mitte zweier Säulen, was ihre Balance und Struktur zum Ausdruck bringt. Das nach oben gerichtete Schwert in ihrer Rechten steht für den festen Entscheid, Urteile mittels Vernunft zu fällen, und deutet auf eine finale Entscheidung hin. Die Waage in der Linken zeigt, dass die Vernunft mit dem Intuitiven in Balance gehalten werden muss, und ist ein Symbol ihrer Unparteilichkeit. Der rechte Fuss sowie die rechte Thronseite (übrigens ein *Grand confort, Sans confort, Dommage a Corbu* von Stefan Zwicky) sind hervorgehoben, um das Vorherrschen der rationalen Seite zu betonen.

Die *Gerechtigkeit* steht für eine vernünftige Entscheidung, für das kritisch geprüfte und klug getroffene Urteil. Darüber hinaus zeigt die Karte stets, dass der Fragende für die Situation und die weitere Entwicklung selbst verantwortlich ist.

Liebe und Beziehung Ebenbürtigkeit, selbst verantwortlich sein
Beruf Fairness, ernten, was man gesät hat
Allgemein Kritisch prüfen und klug entscheiden, Selbstverantwortlichkeit

XII The Hanged Man / Der Gehängte

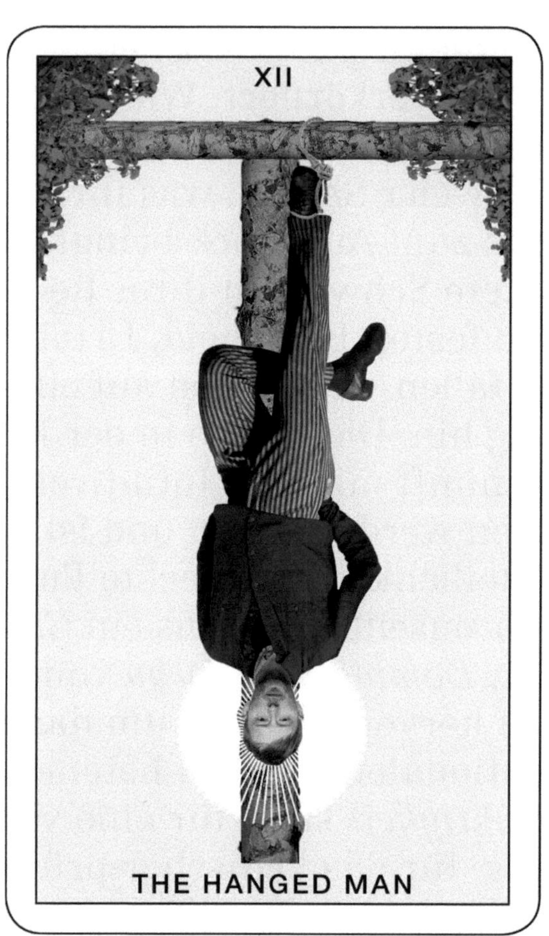

Umkehr

Kopfüber hängt Thom York von einem T-förmigen Kreuz aus lebendigem Holz und sieht die Welt aus einer komplett anderen Perspektive. Sein Gesichtsausdruck wirkt ruhig und gelassen, was darauf hindeutet, dass er sich freiwillig in diese Position begeben hat. Während die Haltung von Thom York nach äusserem Stillstand aussehen mag, findet ein Wachstum in der Tiefe statt. Der Heiligenschein steht nämlich für Erkenntnis, Erleuchtung und neue Einsichten. Die gekreuzten Beine, die eine Vier bilden, zeigen die irdische, die Arme, die ein Dreieck bilden, die göttliche Ebene. Das Irdische steht beim *Gehängten* demnach über dem Göttlichen, was eine verkehrte Welt bedeutet.

Der Gehängte steht für eine Auszeit, für die Erkenntnis durch tieferes Verstehen, die Notwendigkeit eines Opfers und der Umkehr.

Liebe und Beziehung Opfer sein, Haltung ändern
Beruf In der Klemme stecken, Flaute, notwendige Umkehr
Allgemein Krise, Ohnmacht, umkehren müssen

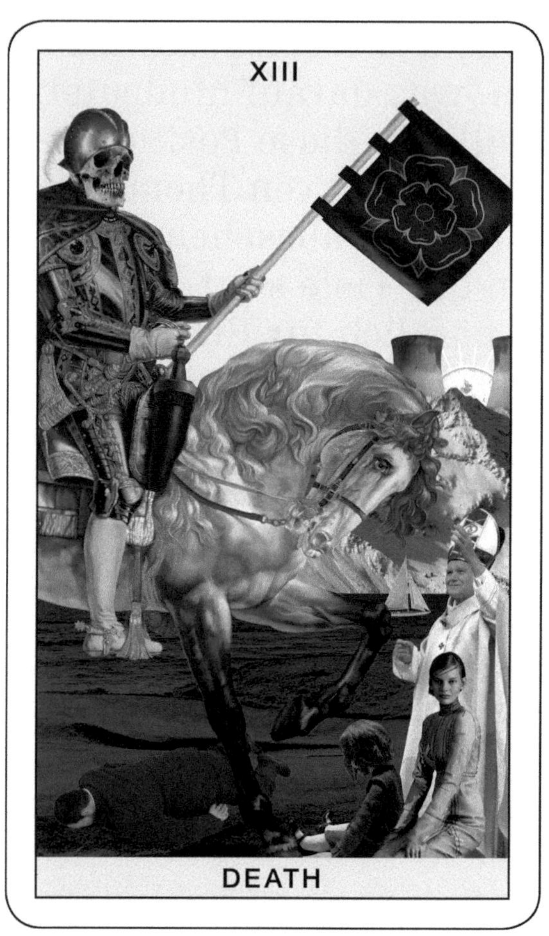
XIII
DEATH

Abschied

Ein Skelett reitet mit herabhängender Feder (ermattende Kräfte) auf seinem Schimmel (aus Kehinde Wileys Gemälde *Equestrian Portrait of King Philip II (Michael Jackson)*). Die schwarze Rüstung steht für Unbesiegbarkeit. Er schwenkt das schwarze Banner (Ende, Trauer) mit der fünfblättrigen weissen Rose (Schönheit, Unsterblichkeit): fünf ist die Zahl des Wandels. Die Menschen blicken alle nach Westen, weil sie nur den Untergang sehen können. Ein Mann ist bereits gestorben, Papst Johannes Paul II. versucht zu argumentieren, es wird allerdings niemand verschont bleiben, auch nicht das Model oder das Kind. Das Schiff im Hintergrund gleicht dem Boot aus der griechischen Mythologie, das die Menschen in den Hades bringt. Die Sonne geht zwischen zwei Türmen unter und zeigt die Rückseite der *Mond*-Karte. Der Sonnenaufgang im Blickfeld des Skelettes zeigt des *Todes* Ziel: die Neugeburt.

Der *Tod* bedeutet, dass eine Entwicklung ihr natürliches Ende gefunden hat. Die Karte sagt nichts darüber aus, ob es ein trauriges Ende ist, oder ob der Fragende froh darüber ist oder zumindest damit einverstanden.

Liebe und Beziehung Ende einer Phase, Abschied vom Gefährten
Beruf Ende eines Projektes oder der bisherigen Aufgabe
Allgemein Natürliches Ende, Abschied

XIV Temperance / Mässigkeit

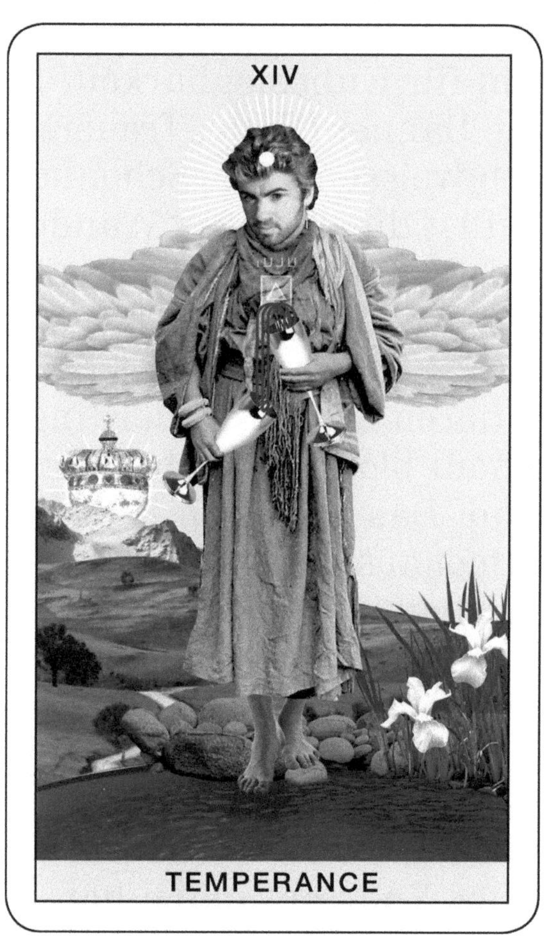

Grosse Arkana

Schutzengel

Erzengel (George) Michael ist die Lichtgestalt mit Sonnenzeichen und Strahlenkranz im Mittelpunkt der Karte. Das Dreieck im Quadrat, das er um den Hals trägt, bedeutet, dass der Mensch (das Dreieck) an die Erde und die natürlichen Gesetze (das Quadrat) gebunden ist. Beim Umgiessen des Wassers versucht er, die richtige Mischung zu finden und zeigt uns den Fluss und die Alchemie des Lebens. Der Engel balanciert mit dem linken Fuss auf den Steinen, was seinen Willen, geerdet zu sein, verkörpert. Mit dem anderen Fuss ist er im Wasser, er möchte trotz seiner Bodenhaftung im Fluss bleiben. Am Ufer wachsen Schwertlilien. Der Weg im Hintergrund zeigt die Reise durchs Leben, an deren Ende eine Sonne mit Krone warten wird. Sie steht dafür, seiner Aufgabe und dem Sinn seines Lebens treu zu bleiben.

Die *Mässigkeit* steht für die rechte Mischung, das richtige Mass und damit für Gesundheit und Harmonie. Zugleich zeigt sie den Schutzengel und Seelenführer, der den Weg zum höchsten Ziel weist.

Liebe und Beziehung Die richtige Mischung, liebevolle Zuneigung
Beruf Auf dem richtigen Weg sein, Freude am Tun
Allgemein Gelassenheit, das rechte Mass, Heilung

XV The Devil / Der Teufel

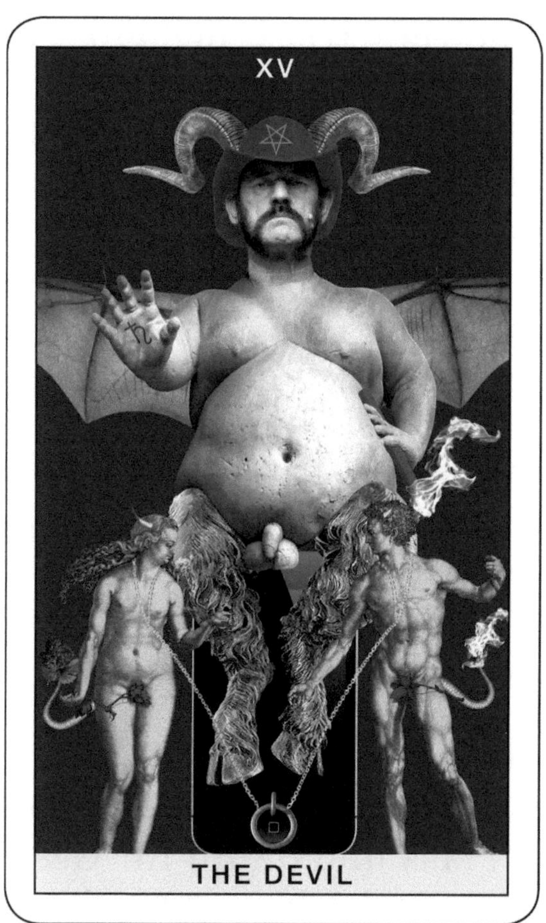

Versuchung

Auf einem Thron sitzt Baphomet – Lemmy Kilmister – halb Mensch, halb Ziege. Lemmy hat Fledermausflügel, die Flügel eines Tieres, das Blut aus seinen Opfern saugt. Auf seinem Hut ist ein umgekehrtes Pentagramm, das auf das Böse und Okkultismus hinweist. In der Linken hält er eine brennende Fackel. Lemmy sitzt auf dem «Thron der Materie», hier ein iPhone, und Adam und Eva (*Der Sündenfall* von Albrecht Dürer) sind daran gekettet (Abhängigkeit und Sucht). Tierschwänze sowie des *Teufels* Hörner deuten auf Triebhaftigkeit hin. Sieht man genau hin, bemerkt man, dass die Ketten um die Hälse der beiden locker sind, und sie sich jederzeit davon befreien könnten – die Probleme sind also selbstgemacht.

Der Teufel steht für Unfreiheit, Misstrauen, Übertreibungen und Tyrannei. Vor allem aber bedeutet er, dass der Fragende in Versuchung gerät, etwas zu tun, was er eigentlich nicht will. Die Karte ist das Gegenstück zu den *Liebenden*.

Liebe und Beziehung Verstrickung, Hörigkeit, Machtkämpfe, Lüsternheit
Beruf Unsaubere Geschäfte, Erpressung, Unfreiheit
Allgemein Verlockung, Verführung, Abhängigkeit, Sucht

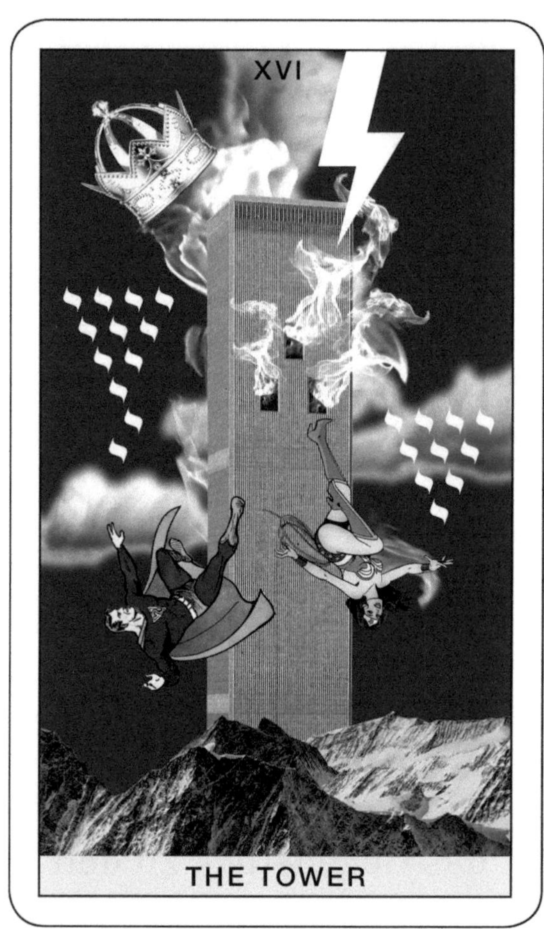
XVI
THE TOWER

Umbruch

Superman und Wonder Woman fallen aus einem *Turm* (einer Enge oder einem Gefängnis), der auf einen Berg gebaut ist. Wegen des gewagten Fundaments verursacht der einschlagende Blitz im sonst stabilen *Turm* einen grossen Schaden: Das repräsentiert Ambitionen und Ziele, die auf falschen Prämissen beruhen. Der Blitz ist als eine schlagartige Erkenntnis oder ein Fingerzeig Gottes zu verstehen. Er zeigt einen Durchbruch oder eine Enthüllung. Die nach oben geschlossene Krone symbolisert das nicht Anerkennen einer Autorität über sich, und dass die Krone nun fällt oder abgeworfen wird, ist eine Demütigung. Die 22 Flammen stehen für die 12 Sternzeichen und den Sephiroten (siehe *Die Zehn Münzen*). Superman und Wonder Woman können sowohl als Gestürzte als auch auch als Befreite gedeutet werden.

Der Turm steht für das Aufbrechen oder den Zusammenbruch alter, verkrusteter Strukturen im Inneren wie im Äusseren. Unmittelbar erleben wir den Turm häufig mit Angst. Im Rückblick aber erweist er sich oft als entscheidender Durchbruch zu grosser Freiheit.

Liebe und Beziehung Geplatzte Selbstverständlichkeiten, überraschende Trennung
Beruf Eine Bombe hochgehen lassen, Kündigung, Trümmer
Allgemein Umbruch, den alten Rahmen sprengen

XVII The Star / Der Stern

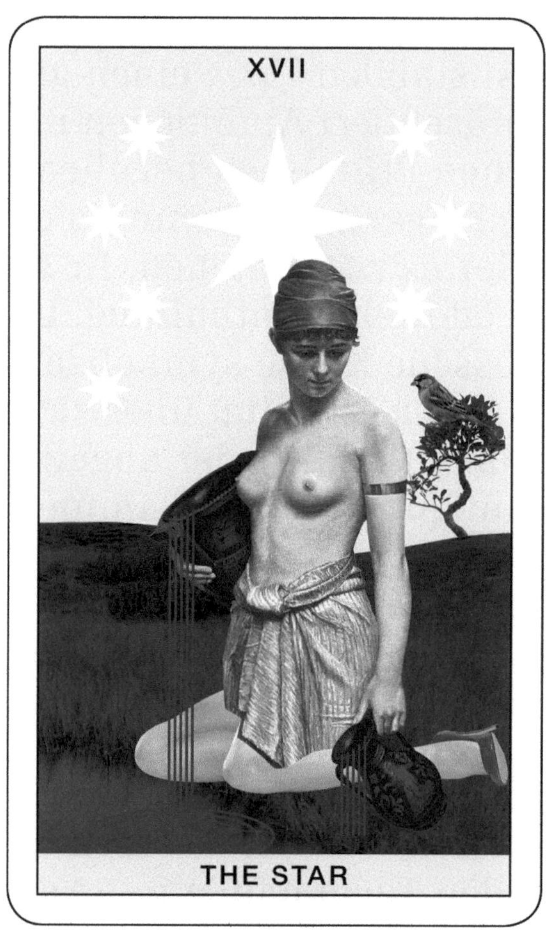

Neue Zukunft

Eine Frau (*Orientalische Wasserträgerin* von Max Nonnenbruch) kniet an einem Teich und hält zwei Krüge, einen in ihrer Linken (das Unterbewusste) und einen in ihrer Rechten (das Bewusste). Sie giesst das Wasser des rechten Kruges in den Teich, um den Kreislauf der Fruchtbarkeit am Leben zu erhalten, der durch die üppige Flora um sie herum dargestellt ist. Den anderen Krug leert sie in fünf Strahlen (die fünf Sinne) auf die Erde, um dort das Wachstum zu fördern. Ein Fuss der Frau ist auf der Erde, das zeigt ihre praktischen Fähigkeiten und ihren guten Menschenverstand. Der Fuss im Wasser steht für ihre Intuition und das Hören auf ihre innere Stimme. Ihre Nacktheit macht sie verletzlich. Der grosse *Stern* verkörpert Weisheit, die sieben kleineren die Chakren. Im Hintergrund sitzt ein Vogel als Zukunftsbote in einem Baum, der gewachsene Weisheit verkörpert.

Der *Stern* steht für weite, schöne Aussichten. Vor allem nach Krisen bedeutet er eine neue und reichhaltige Zukunft, in der wir von dem, was uns guttut, mehr bekommen, als wir brauchen.

Liebe und Beziehung Glückliche Aussichten auf eine vielversprechende Zukunft
Beruf Zukunftsweisende Projekte, Erfolg
Allgemein Visionen, Vertrauen in die Zukunft, Glück

XVIII The Moon / Der Mond

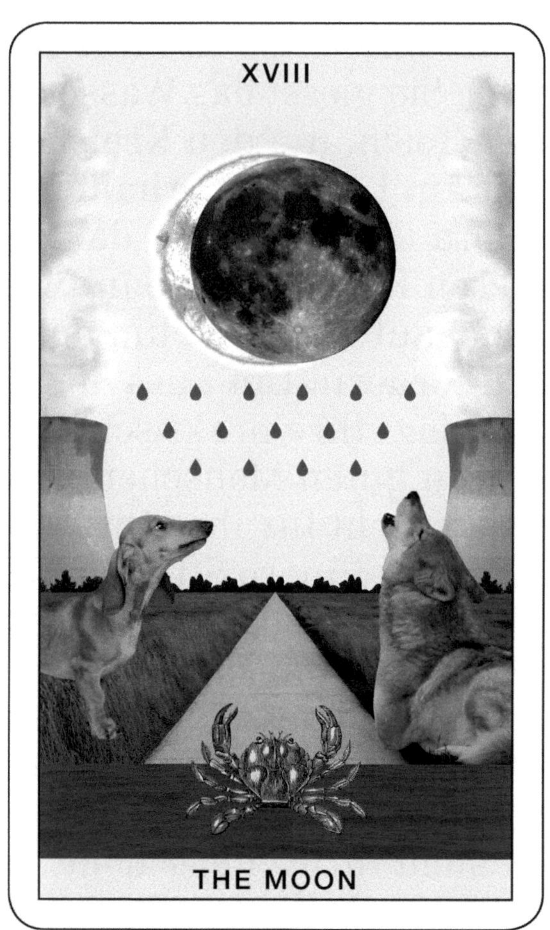

Angstschwelle

Der Mond steht für Träume, Intuitionen und das Unterbewusstsein, aber auch für Ängste.
Da *Der Mond* vor der Sonne steht, ergibt sich eine Sonnenfinsternis und das Licht ist gedämpft.
Ein Weg, der zwischen den zwei Türmen durchführt, wird aber beleuchtet: Er ist schmal – eine Gratwanderung – am Ende gelangt man aber zu höherem Bewusstsein. Der Weg führt zwischen einem Hund und einem heulenden Wolf hindurch, die die gezähmten und ungezähmten Instinkte symbolisieren. Die Türme, hier Kühltürme von Atomkraftwerken, weisen auf ein höheres Ziel hin, die 15 Tautropfen verkörpern Fruchtbarkeit. Im Vordergrund ist ein Teich, aus dem ein Krebs kriecht. Er hat gerade erst ein wenig Land unter den Füssen gewonnen und zeigt das Frühstadium eines sich entfaltenden Bewusstseins.

Die Karte steht für Irritationen und Ängste. Sie zeigt einen Engpass, vor dem wir uns fürchten. Häufig steht sie für eine letzte, wichtige Schwelle, die genommen werden muss, um ein Ziel zu erreichen.

Liebe und Beziehung Im Dunkeln stehen, ungestillte Sehnsüchte
Beruf Lampenfieber, bedeutsamer, aber schwieriger Schritt
Allgemein Unsicherheit, Angst, Engpass, wichtige Schwelle

XIX The Sun / Die Sonne

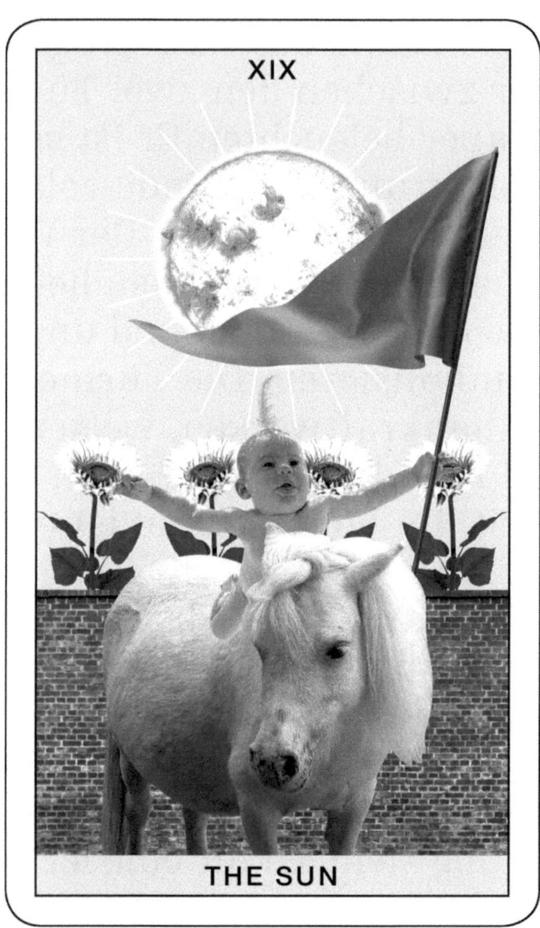

Sorglosigkeit

Wärme, Freude und Grosszügigkeit gehen von der strahlenden *Sonne*, der Quelle allen Lebens aus. Das Kind ist Spencer Elden, den wir vom Cover des Nirvana-Albums *Nevermind* kennen. Es stellt die Freude dar, die eine Verbindung mit dem inneren Geist bereiten kann, und steht für Neugeburt. Es kann wegen seiner Nacktheit nichts verbergen und ist dadurch unschuldig und rein. Es reitet auf einem Schimmel (Reinheit und Stärke), hat eine aufrechte Feder auf dem Kopf (Frische) und schwenkt die rote Fahne (Lebenskraft). Die vier Sonnenblumen symbolisieren Schönheit, Lebensfreude und die vier Elemente der kleinen Arkana. Die Mauer ist die Grenze zum Paradies.

Die *Sonne* steht für Lebensfreude, Sorglosigkeit und ein sonniges Leben. Nach einer Krise bedeutet sie Wiedergeburt und zeigt, dass die Schwierigkeiten wirklich überwunden sind.

Liebe und Beziehung Herzlichkeit, Versöhnung, sonnige Zeiten
Beruf Zuversicht, Erfolg, Freude an der Arbeit
Allgemein Freude, Lebensbejahung, Grossmut, Selbstvertrauen

XX Judgement / Gericht

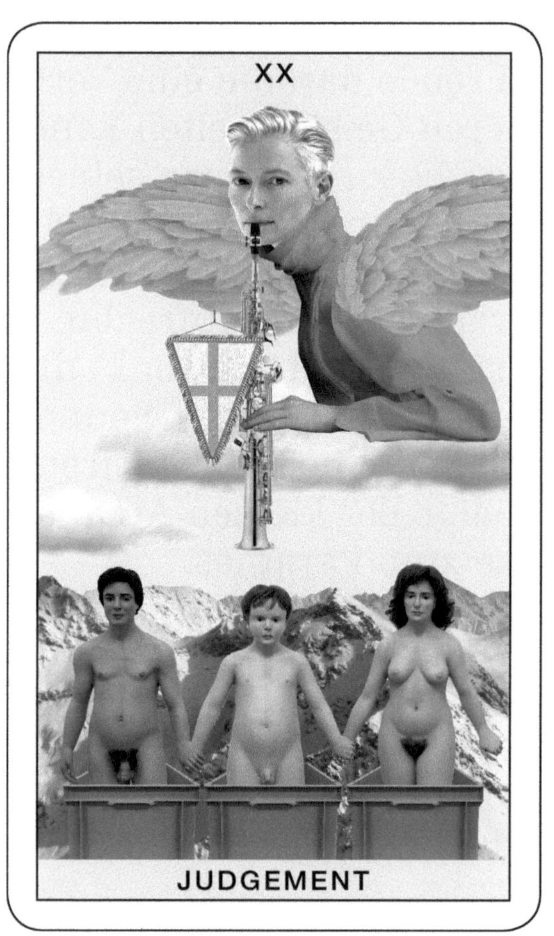

Erlösung

Tilda Swinton verkörpert den Erzengel Gabriel, was sie 2005 im Film *Constantine* schon einmal getan hat. Gabriel gilt als Erklärer von Visionen und als Bote Gottes. Tilda bläst das Sopransaxophon als Signal der Auferstehung, der Erlösung der Toten und die Aussicht auf ein ewiges Leben. Die Fahne an ihrem Flügel steht für das Ende der Leidenszeit. Im Vordergrund steigt eine dreiköpfige Familie (aus Charles Rays *Family Romance*) aus viereckigen Gräbern (*Stapelbehälter RAKO*). Wie schon beim *Gehängten*, steht die Zahl 3 für das Göttliche, die 4 für das Irdische. Das Göttliche kann sich also aus dem Irdischen befreien.

Das *Gericht* steht für die richtige Lösung, für Erlösung und Heilung. Die Karte kann auch bedeuten, dass etwas Verlorengegangenes wieder auftaucht, oder dass etwas Verkanntes sich in seiner wahren, schönen Gestalt zeigt.

Liebe und Beziehung Wunder, den «Schatz» finden, Ende des Leidens
Beruf Befreiung, die richtige Lösung finden, etwas Wertvolles hervorbringen
Allgemein Sieg des Guten, Erlösung oder Befreiung

XXI The World / Die Welt

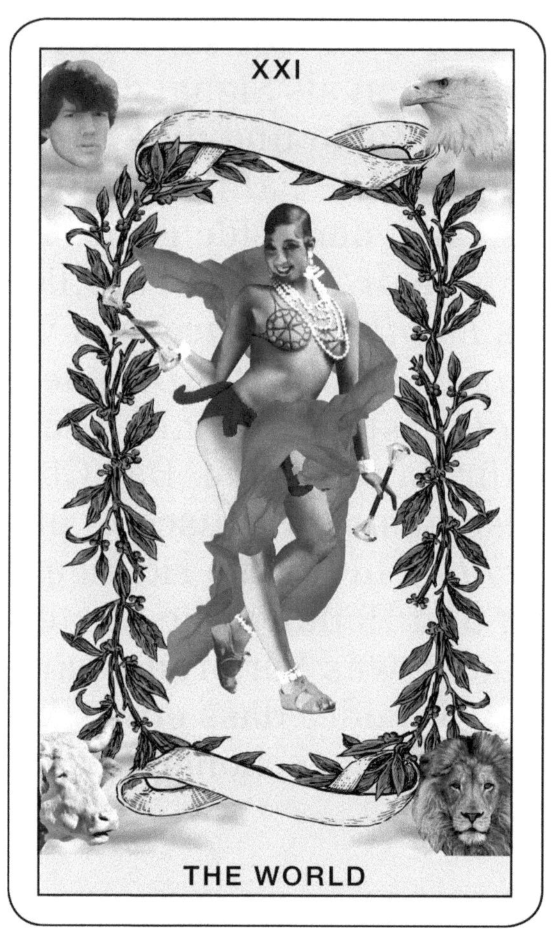

Das Ziel

Die letzte Karte der grossen Arkana zeigt eine Ellipse aus Lorbeer, die grössere Ganzheit symbolisiert (Ziel ist erreicht). Am oberen und unteren Ende sind zwei Unendlichkeitsschleifen, eine Verbindung des Männlichen (*Magier*) und des Weiblichen (*Kraft*) zu sehen. Die tanzende Figur, die Umkehrung des *Gehängten*, zeigt den lebendigen, richtig gestellten Menschen. Josephine Baker schaut zurück, ihr Körper ist allerdings nach vorne (in die Zukunft) gerichtet. Sie hält einen ähnlichen Stab wie *Der Magier*, allerdings mit zwei Enden, was bedeutet, dass das, was der *Magier* offenbart hat, nun komplettiert ist. An den Rändern sind vier Köpfe angebracht, deren Träger auch beim *Rad des Schicksals* vorkommen: sie stehen für die Evangelisten (Lothar) Matthäus, Markus, Lukas und Johannes, vier Sternzeichen, oder die vier Elemente des Tarots. Sie leiten von einer Phase in die nächste.

Die Welt steht für das erreichte Ziel. Im Äusseren ist das der richtige Ort, der richtige Beruf, die richtige Verbindung, und im Inneren geht es um die Ganzheit als das Ziel des Selbstwerdungsprozesses.

Liebe und Beziehung Am Ziel sein, Einklang, Glück und Freude
Beruf Die richtige Aufgabe, der richtige Platz, die richtige Einstellung
Allgemein Das Ziel erreichen, seinen Platz finden!

Wands / Stäbe

Kleine Arkana

Der Stab ist das dem Feuerelement entsprechende Tarotsymbol.

Die kleine Arkana beinhaltet 56 Karten, die aus vier Farbsätzen zu je 14 Karten bestehen. Eine Gruppe setzt sich aus 10 Zahlenkarten und 4 Hofkarten zusammen. Arkana ist der Plural des lateinischen Wortes *Arcanum* (Geheimnis).

I Ace of Wands / Ass der Stäbe

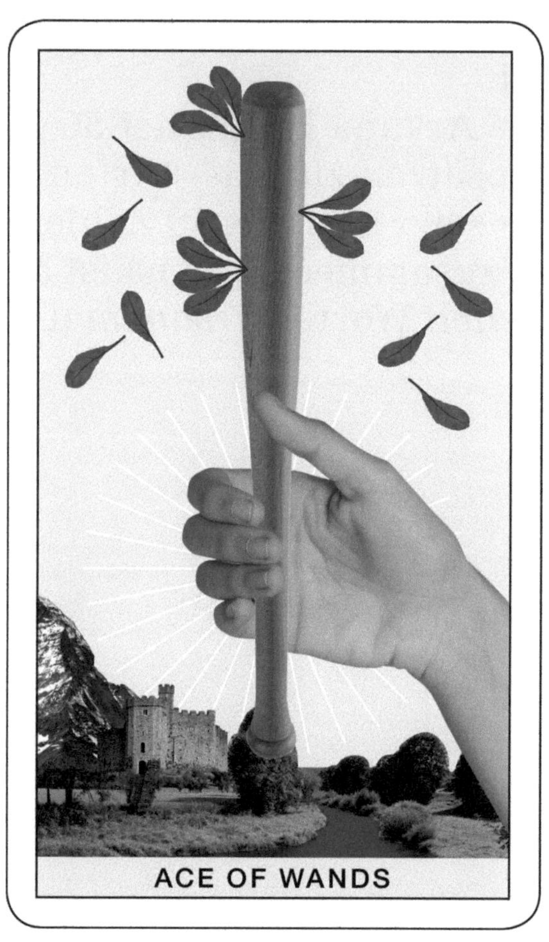

Chance zur Selbstentfaltung

Die Hand *Ass der Stäbe* hält einen spriessenden Stab in die Mitte der Karte: Eine neue Möglichlichkeit oder Idee, mit dem Potenzial zu wachsen, bietet sich an. Am Stab spriessen zehn Blätter, die die vereinten Kräfte aller zehn *Karten der Stäbe* abbilden. Die acht herabfallenden Blätter sind ein Hinweis auf erfreuliche Nachrichten, eine grüne Landschaft mit Fluss steht für Fruchtbarkeit und bestätigt das mögliche Wachstum. Die Nähe von Berg und Burg zeigt, dass es immer Schwierigkeiten auf dem Weg geben wird, die aber durch genug Effort überwunden werden können.

Jedes Ass bietet eine Chance. Das *Ass der Stäbe* bedeutet spannende Erfahrungen, Selbstentfaltung, Lebendigkeit, Mut und Unternehmungslust.

Liebe und Beziehung Chance für neue Lebendigkeit, spannende, lebendige Zeiten
Beruf Neue Möglichkeiten, Dynamik und Unternehmungslust
Allgemein Chance großer Selbstentfaltung, Mut und Willenskraft

II Two of Wands / Zwei Stäbe

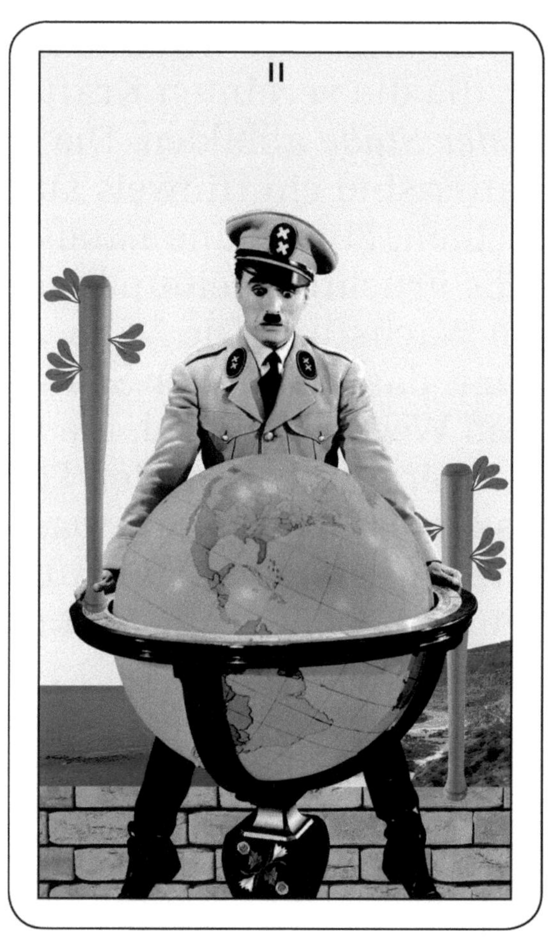

Gleichgültigkeit

Dass Charlie Chaplin als *Der grosse Diktator* vor einem Globus steht, ist kein Zufall. Der Mann, der zwischen zwei Stäben steht, hat alles (die ganze Welt) erreicht, aber nichts mehr, wofür er sich begeistern kann. Obwohl er Ideen hat, sie abwägt und sein weiteres Vorgehen plant, steht er immer noch in seiner Burg – er ist bis jetzt nicht aktiv geworden ist. Einen der Stäbe hat er mit der Hand ergriffen: immerhin tendiert er in eine Richtung und möchte sich bald entscheiden. Das *Andreaskreuz* mit Rosen und Lilien auf dem Sockel zeigt, wie sehr er dabei leidet.

Die *Zwei Stäbe* zeigt die unzufriedene Gleichgültigkeit eines Menschen, der alles hat, und sich deshalb auf nichts freuen und sich für nichts engagieren kann.

Liebe und Beziehung Halbherzigkeit, laue Gefühle
Beruf Absichtserklärungen, leere Worte, Unentschlossenheit
Allgemein Neutralität, Lippenbekenntnisse, Drückebergerei

III Three of Wands / Drei Stäbe

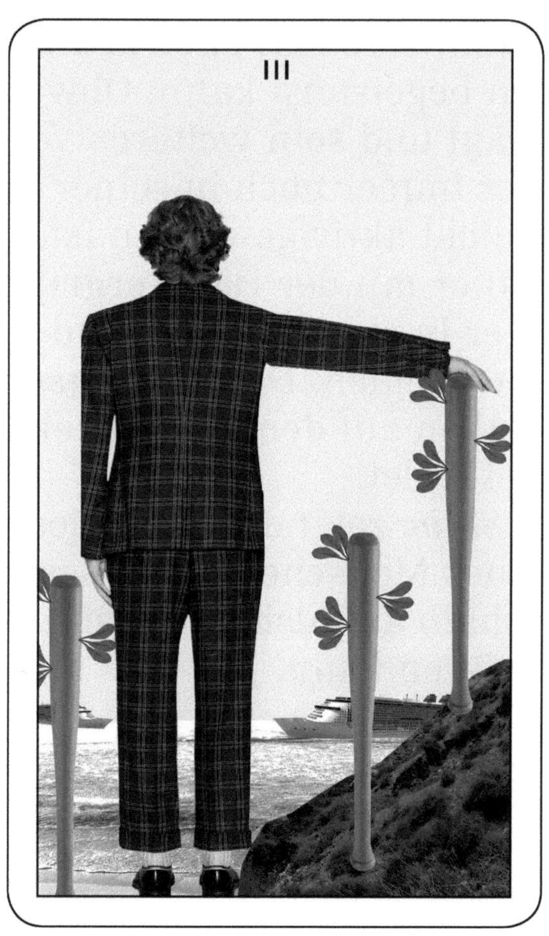

Gute Aussichten

Ein reicher, gut gekleideter Mann (ein Modell aus der aktuellen *Gucci*-Kollektion), nota bene mit den breiten Schultern eines kräftigen und standfesten Mannes, blickt auf den Horizont und das Meer, das golden leuchtet – wenn das nichts Gutes verheisst! *Drei Stäbe* sind fest im Boden und zeigen, dass er sich nicht beirren lässt und seine Pläne ernst nimmt. Er hat die komfortable Position in der Burg der *Zwei Stäbe* verlassen und ist jetzt draussen in der Welt. Von seiner Position aus kann er alles sehen, was vor ihm liegt: die Möglichkeiten, wie auch die Herausforderungen. Die ankommenden Schiffe zeigen die Aussicht auf lukrative Geschäfte.

Die *Drei Stäbe* zeigt eine solide Basis, gutes Stehvermögen und erfreuliche Aussichten.

Liebe und Beziehung Gesunde Basis, aussichtsreiche Beziehung
Beruf Sichere Stellung und ausgezeichnete Perspektiven
Allgemein Zuversicht, Sicherheit und Erfolg

IV Four of Wands / Vier Stäbe

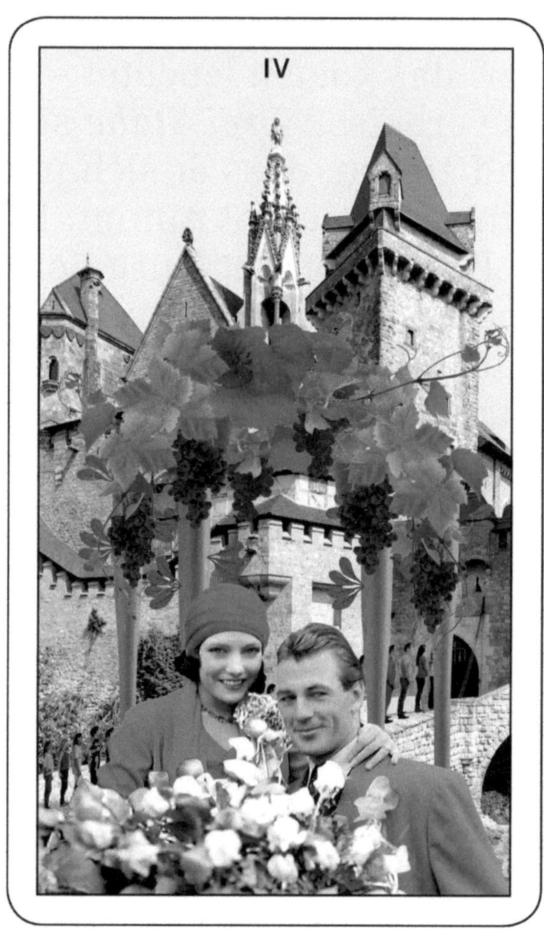

Offenheit

Cary Grant scheint einer zu sein, der gerne feiert: Er präsentiert sich mit einer seiner fünf Ehefrauen, vielen Blumen und Weintrauben (süsses Leben); so heisst das Paar offen und freundlich jeden Neuankömmling willkommen. Girlanden gibt es auch: es ist eine Festlichkeit oder ein freudiger Anlass, der hier gefeiert wird. Viele Menschen stehen Schlange vor der Burg, in die sie hereingelassen, auf- und angenommen werden. Das Fest kann als Meilenstein oder als Erreichen eines Ziels interpretiert werden.

Die *Vier Stäbe* zeigt Sicherheit, Offenheit und Freude.

Liebe und Beziehung Gesunde Basis, aussichtsreiche Beziehung
Beruf Sichere Stellung und ausgezeichnete Perspektiven
Allgemein Zuversicht, Sicherheit und Erfolg

V Five of Wands / Fünf Stäbe

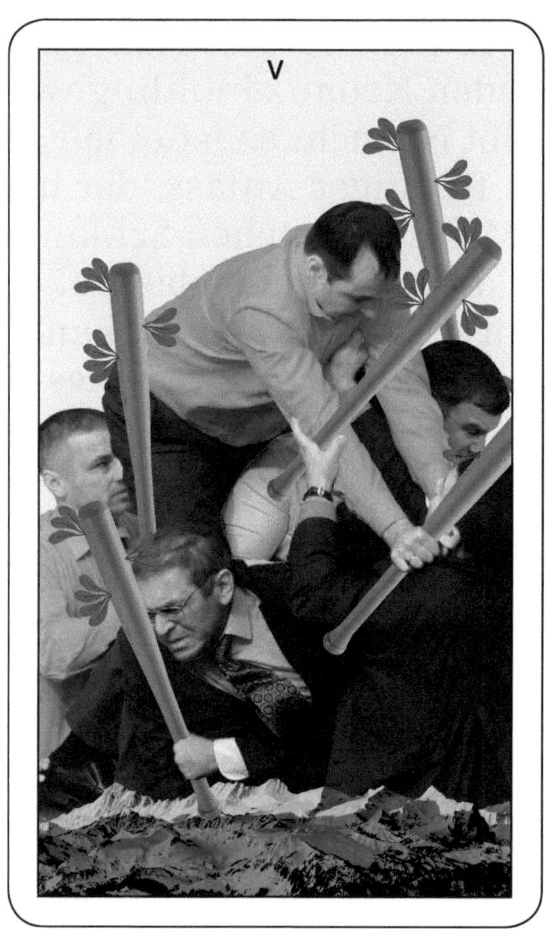

Kräftemessen

Manchmal reicht die Kraft der Argumente nicht aus: Fünf ukrainische Parlamentarier prügeln sich während einer Verhandlung mit Stäben. Die Situation ist angespannt, aber nicht existenziell: Sie balgen sich eher, als dass sie sich ernsthaft verletzen.

Die *Fünf Stäbe* zeigen Männer, die mit ihren Stäben kämpfen und ihre Kräfte messen. Dabei geht es um einen spielerischen, sportlichen Wettstreit, der nichts Bösartiges hat.

Liebe und Beziehung Sich miteinander reiben, zusammenraufen
Beruf In Konkurrenz treten, Kräftemessen
Allgemein Herausforderung, Wettkampf, spannende Erfahrung

VI Six of Wands / Sechs Stäbe

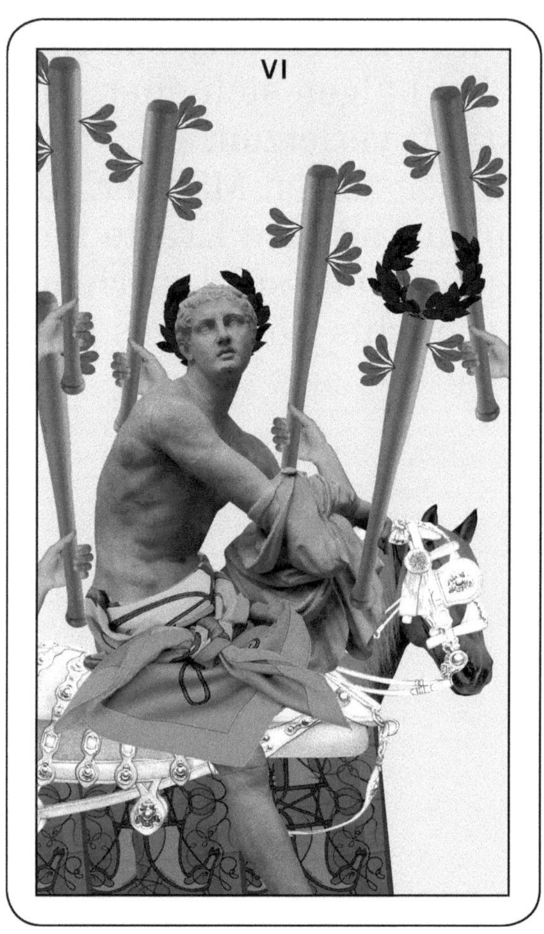

Erfolg

Hermes, der Götterbote, überbringt eine gute Nachricht und wird dabei von einer jubelnden, Stöcke in die Höhe haltenden Menge festlich empfangen. Der feierliche Anlass, der ihm zu Ehren abgehalten wird, zeigt die Anerkennung seiner Mitmenschen, sein Bad in der Menge, den Stolz über seinen eigenen Erfolg: Hermes' Kopf und seinen Stab zieren Loorbeerkränze. Das Pferd des Sympathieträgers ist aus Seidentüchern der Luxusmarke *Hermès* zusammengesetzt.

Die *Sechs Stäbe* zeigt den Überbringer einer Siegesnachricht. Damit steht sie für Erfolg und ganz allgemein für gute Nachrichten.

Liebe und Beziehung Glück, gute Nachrichten, gewinnen
Beruf Erfolg haben, vorankommen, gute Neuigkeiten
Allgemein Erfolg, Sieg, Anerkennung, erfreuliche Rückkehr

VII Seven of Wands / Sieben Stäbe

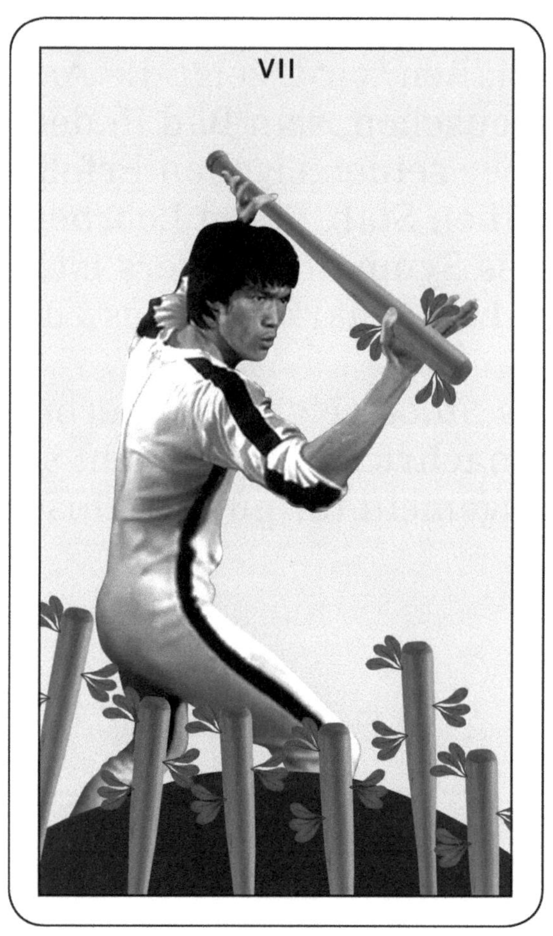

Selbstverteidigung

Bruce Lee steht auf einer Anhöhe, seinen Stab hält er in Abwehrhaltung. Die sechs Stäbe, die unterhalb der Anhöhe im Boden stecken, richten sich gegen seine Angreifer und verteidigen sein Territorium.

Die *Sieben Stäbe* zeigt, dass die eigene Position oder der Standpunkt angegriffen wird, aber erfolgreich verteidigt werden kann.

Liebe und Beziehung Streit, Eifersucht, Bedrohung der Beziehung durch Dritte
Beruf Seinen Standpunkt oder seine Position verteidigen müssen
Allgemein Neid und Missgunst anderer, sich behaupten müssen

VIII Eight of Wands / Acht Stäbe

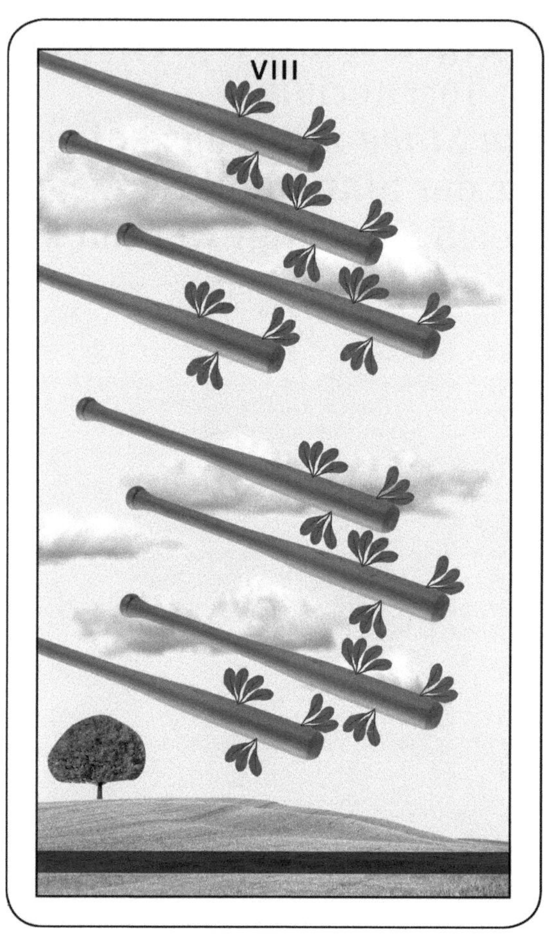

Gute Neuigkeiten

Etwas ist im Anflug: Acht spriessende Stäbe fliegen durch die Luft und verheissen Wandel, Bewegung oder eine bevorstehende Reise. Da sie bald landen, wird das Kommende bald eintreffen.

Die *Acht Stäbe* zeigt, dass (gute) Entwicklungen unterwegs sind, und dass sie bald Wirklichkeit werden.

Liebe und Beziehung Willkommene Überraschungen, lebendige Zeiten
Beruf Ein erfreuliches Ereignis kommt schneller als erwartet
Allgemein Neuigkeiten liegen in der Luft

IX Nine of Wands / Neun Stäbe

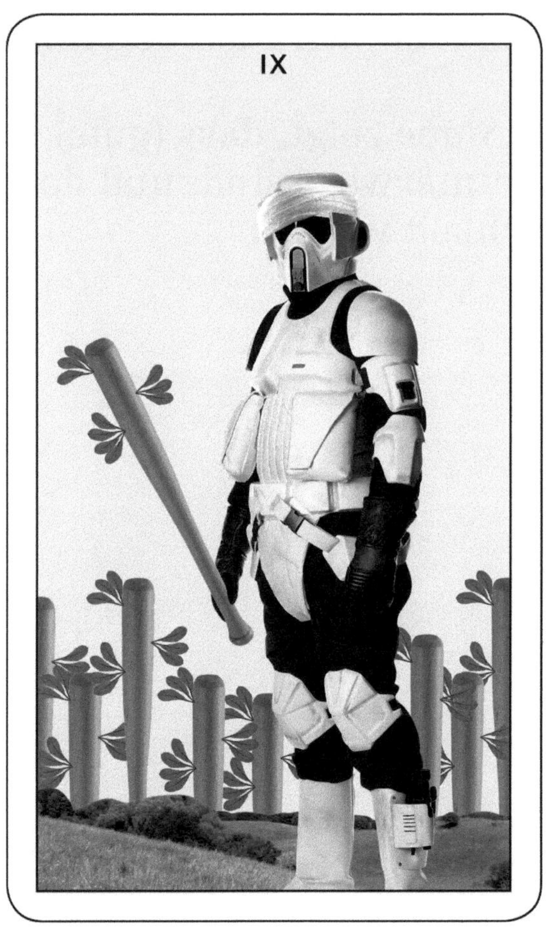

Verschlossenheit

Hinter einem aus acht Stäben gebauten Grenzzaun steht ein *Stormtrooper* aus *Star Wars* in wacher Abwehrhaltung. Einen Stab trägt er bei sich und ist bereit, sich zu verteidigen. Sein Kopfverband deutet auf frühere Verletzungen hin. Als neunte Karte steht er kurz vor Ende der *Karten der Stäbe*: Er muss mit seinem Charakter und seiner Stärke überzeugen und sein Ziel erreichen.

Die *Neun Stäbe* zeigt, dass man wachsam ist und sich bedroht fühlt, selbst dort, wo keine Bedrohung zu sehen ist.

Liebe und Beziehung Verhärtete Fronten, Angst vor Salz in alten Wunden
Beruf Verschlossen sein oder vor verschlossenen Türen stehen
Allgemein Trotzhaltung, sich bedroht fühlen

X Ten of Wands / Zehn Stäbe

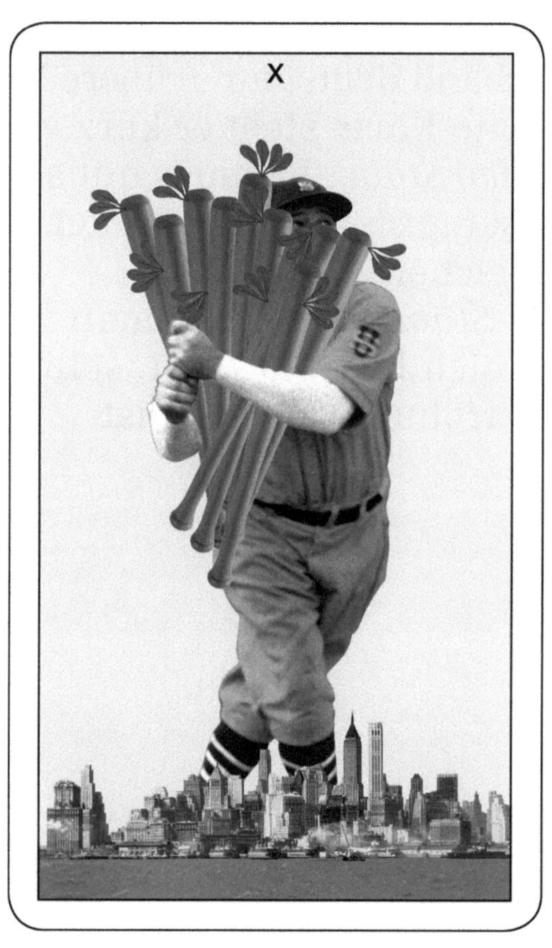

Bürde

Vor lauter Stäben – beziehungsweise hier erstmals sehr passenderweise Baseballschlägern – die der Baseballspieler Babe Ruth mit sich herumschleppt, kann er nichts mehr sehen. Selbst die Stadt New York, deren *Yankees* seine Trikotnummer 3 nicht mehr vergeben, um seine unvergessliche Leistung zu ehren, ist für ihn unsichtbar. Er hat sich in den Kopf gesetzt, die ganze Bürde alleine zu tragen und sich von niemandem helfen zu lassen.

Die *Zehn Stäbe* zeigt, dass man sich von Aufgaben, Verantwortung und Pflichten überfordert fühlt, aber eventuell hinein wachsen kann.

Liebe und Beziehung Überforderung, Pessimismus
Beruf Überlastung, ungeschickte Handhabung, alles allein machen wollen
Allgemein Bedrückung, mangelnde Perspektive

Page of Wands / Bube der Stäbe

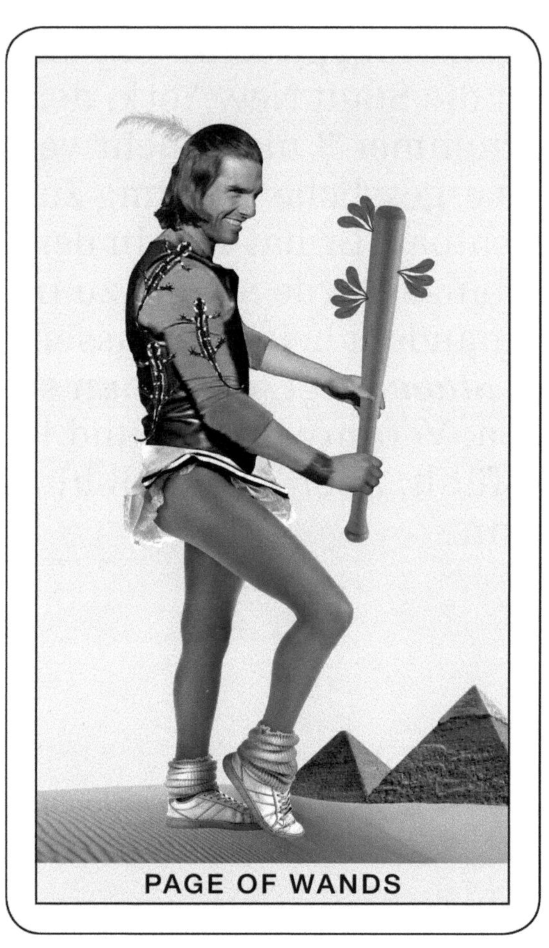

Spannende Impulse

Mit einer roten, feurigen Feder im Haar ist Tom Cruise (in seiner Rolle des Frank T. J. Mackey in Paul Thomas Andersons Film *Magnolia*) auf dieser Karte wie jeder Bube ein Impulsgeber. Diese Karte aber sprüht vor lauter Energie. Der Stab, den er in beiden Händen hält, inspiriert ihn zu Unternehmungen und Kraftakten. Die Feuersalamander, die an ihm hochkriechen, zeigen Tapferkeit und Mut, die Sache auch durchzuziehen. Wie auch beim *Ritter*, der *Königin* und dem *König der Stäbe*, ist die Hitze des Elementes Feuer in Form von Wüste und Pyramiden dargestellt.

Der *Bube der Stäbe* symbolisiert gute, spannende Chancen und motivierende Impulse, die von aussen kommen und mit Begeisterung aufgenommen werden.

Liebe und Beziehung Erfrischender Impuls, toller Vorschlag, spannende Möglichkeit
Beruf Eine gute Herausforderung, eine Ermutigung, eine spannende Chance bietet sich
Allgemein Ein spannender Impuls, ein Vorschlag, der Begeisterung auslöst

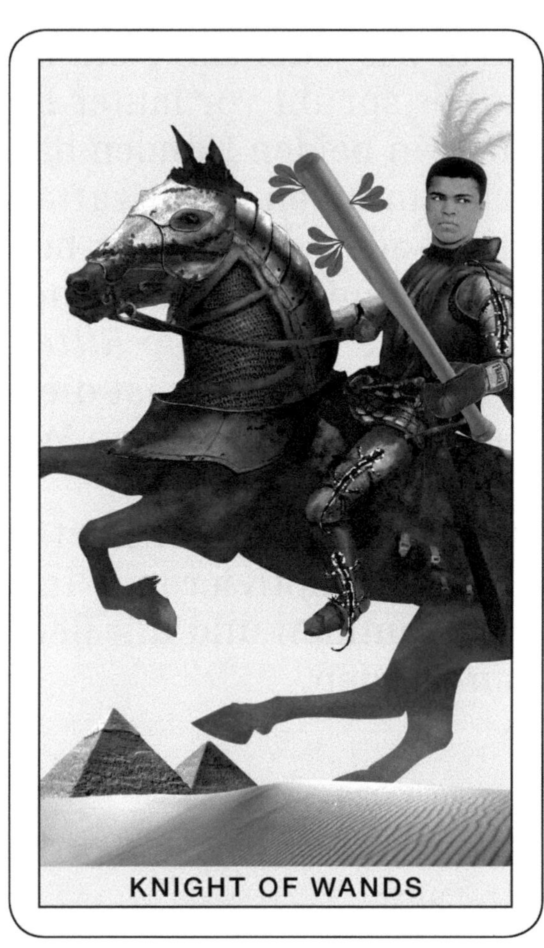
KNIGHT OF WANDS

Heissblütigkeit

Sogar das Pferd des Ritters ist unruhig und bereit für ein Abenteuer: Dynamisch, stürmisch und in voller Rüstung prescht Muhammad Ali in die Karte. Das einer Flamme ähnliche Federbüschel auf seinem Helm und auch die Wüste im Hintergrund unterstreichen seine Feurigkeit, der spriessende Stab symbolisiert Mut und Unternehmungslust. Er lässt seinem Umfeld – aber auch sich selber – nicht viel Zeit, sich die Sache zu überlegen: Er will sofort handeln und ist nicht zum Diskutieren gekommen.

Der *Ritter der Stäbe* symbolisiert eine heisse, hitzige Atmosphäre, eine temperamentvolle Phase, die Ungeduld und Erlebnishunger mit sich bringt.

Liebe und Beziehung Heisse Zeiten, Erlebnishunger, Leidenschaft, Abenteuer
Beruf Heisse bis hitzige Stimmung, Unternehmungslust, Voreiligkeit, viel heisse Luft
Allgemein Heissblütigkeit, Ungeduld, Risikofreude, Abenteuer, heisses Klima

Queen of Wands / Königin der Stäbe

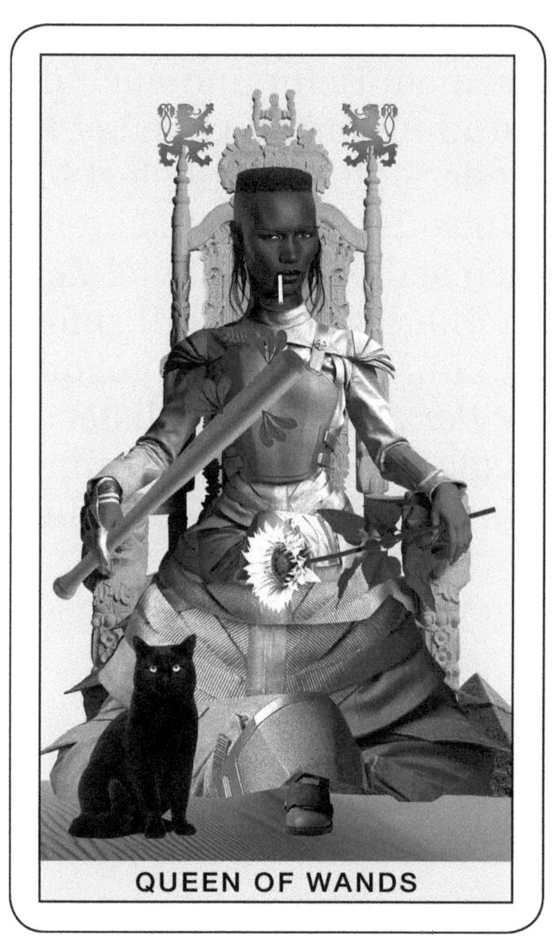

Die selbstbewusste Frau

Mit glühender Zigartette, vom Cover des Albums *Nightclubbing,* strahlt Grace Jones als *Königin der Stäbe* Souveränität und Empfänglichkeit aus. Der linke vorgeschobene Fuss steht für die intuitive Seite, die bei der Königin dominiert. In der rechten Hand hält sie den Stab, in der linken eine Sonnenblume als Zeichen ihrer Lebensbejahung. Ihr gelbes Gewand verkörpert Wärme und feurige Energie, was durch Pyramiden und Wüste (heisses Klima) unterstrichen wird. Die Löwen, die den Thron schmücken, symbolisieren Lebensfreude und Selbstvertrauen, die schwarze Katze zu ihren Füssen ist eine geschmeidige und kluge Begleiterin.

Die *Königin der Stäbe* stellt eine temperamentvolle, selbstsichere, dynamische und unabhängige Frau dar.

Liebe und Beziehung Eine stolze, selbstbewusste, feurige Frau, Amazone, Kampfgefährtin
Beruf Eine selbstsichere, selbstständige, souveräne Frau, die Chefin
Allgemein Eine temperamentvolle Frau, willensstark, unternehmungslustig, selbstbestimmt

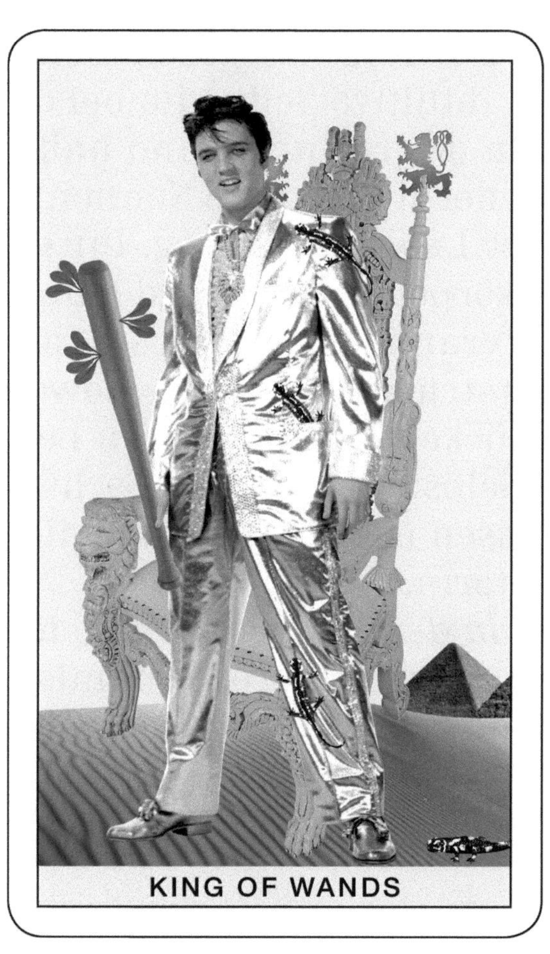
KING OF WANDS

A Touch of Gold. Auf dem gleichnamigen Album trägt Elvis einen goldenen Anzug, der Wärme und feurige Energie verkörpert. Der *King of Rock 'n' Roll* steht für Souveränität und Aktivität. An ihm klettern mutige und tapfere Salamander empor, Löwen schmücken seinen Thron. Der Stab in der Rechten zeigt sein aktives Handeln, die Wüste und die Pyramiden im Hintergrund unterstreichen seine Heissblütigkeit. Anstatt zu sitzen, steht Elvis. Das aber nur, damit man den Thron von President Snow in *The Hunger Games* besser sehen kann – Es ist übrigens derselbe wie bei der *Königin der Stäbe*.

Der *König der Stäbe* stellt einen temperamentvollen, selbstsicheren, forschen und dynamischen Mann dar.

Liebe und Beziehung Ein stolzer, selbstbewusster, feuriger Mann, souveräner Kämpfer
Beruf Ein selbstsicherer, selbstständiger, tonangebender, souveräner Mann, der Chef
Allgemein Ein temperamentvoller, willensstarker Mann, dynamisch, unternehmungslustig

Swords / Schwerter
Kleine Arkana

Das Schwert ist das dem Luftelement entsprechende Tarotsymbol.

Die kleine Arkana beinhaltet 56 Karten, die aus vier Farbsätzen zu je 14 Karten bestehen. Eine Gruppe setzt sich aus 10 Zahlenkarten und 4 Hofkarten zusammen. Arkana ist der Plural des lateinischen Wortes *Arcanum* (Geheimnis).

I Ace of Swords / Ass der Schwerter

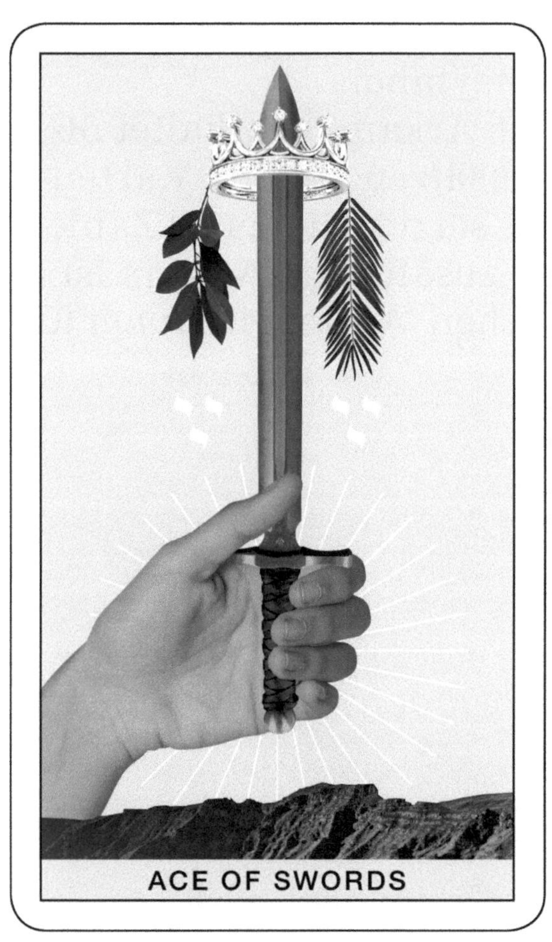

Chance zur Klärung

Eine goldene Krone, Zeichen der höchsten Erkenntnis, ziert das Schwert, das eine Hand aufrecht in die Mitte der Karte hält: eine Chance wird hier geboten. Lorbeer (Sieg) und ein Palmwedel (Triumph) schmücken die Krone. Die sechs goldenen Tautropfen (eigentlich *Yodhs* aus dem Hebräischen Alphabet) geben einen Hinweis auf die Hilfe, die in der Karte *Sechs der Schwerter* geboten wird. Die kahle Berglandschaft stellt die Höhe und Klarheit der Erkenntnis dar.

Jedes Ass bietet eine Chance. Das *Ass der Schwerter* bietet eine gute Gelegenheit, etwas zu verstehen, zu klären und zu entscheiden.

Liebe und Beziehung Kluge Entscheidung, nüchterne Klärung, offenes Gespräch
Beruf Gute Gelegenheit, zu einer klugen Erkenntnis oder Entscheidung zu gelangen
Allgemein Chance, etwas zu erkennen, zu klären

II Two of Swords / Zwei Schwerter

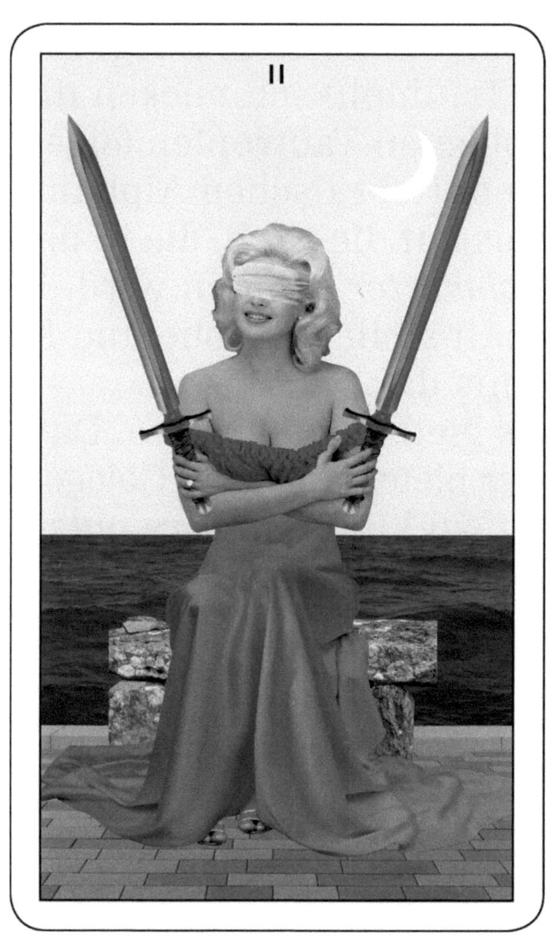

Zweifel

Jayne Mansfield sitzt auf einer steinernen Bank am Meer. Sie kann weder das Problem, noch die Lösung sehen, da ihre Augen verbunden sind: Ihr fehlen schlicht die Perspektiven. Die zwei Schwerter, die sie über Kreuz hält, stellen ihre Zweifel dar, die ihr den Weg zum Mond (Intuition) und zum Meer (Emotion, Inspiration) verwehren, die eigentlich ganz in der Nähe sind.

Die *Zwei Schwerter* zeigt Zweifel, die sehr hartnäckig sein können und sich nur schwer lösen lassen, weil der Zugang zu den tiefen Quellen innerer Gewissheit versperrt ist.

Liebe und Beziehung Quälende Zweifel, mangelndes Vertrauen in den Partner
Beruf Tiefe Zweifel, hin und her gerissen sein
Allgemein Hartnäckige Zweifel, Unentschlossenheit, Verzweiflung

III Three of Swords / Drei Schwerter

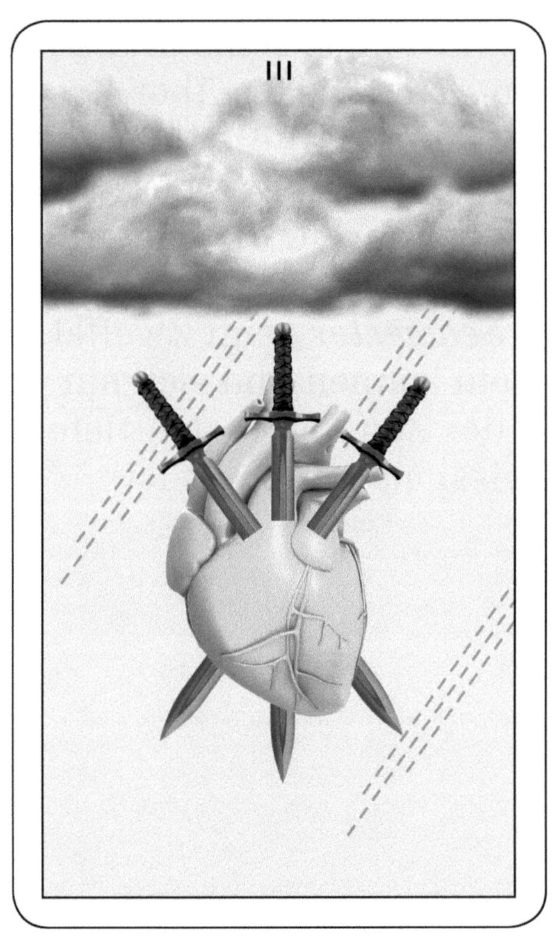

Schmerzhafte Einsichten

Das Wetter verspricht trübe Aussichten:
Es regnet, der Himmel ist wolkenverhangen. Ein Herz wird von drei Schwertern durchbohrt.

Die *Drei Schwerter* zeigt Einsichten und Entscheidungen, die ernüchternd und schmerzhaft sind, aber dennoch richtig und notwendig sein können.

Liebe und Beziehung Ernüchterung, Liebeskummer, Enttäuschung, Tränen
Beruf Nüchterne, kritische Erkenntnis, schmerzhafter Schritt
Allgemein Schmerzhafte Erkenntnis, Verzicht,
schwere, wenn auch kluge Entscheidung

IV Four of Swords / Vier Schwerter

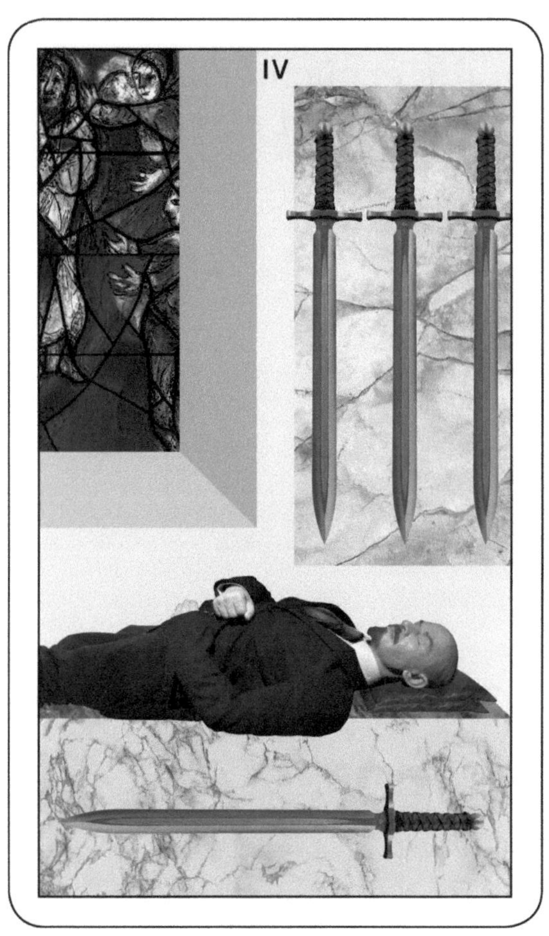

Zwangspause

In einem sakralen Raum wird Andacht gehalten: Väterchen Lenin liegt horizontal auf seinem Grab, die Hände auf dem Bauch in einer meditativen Pose. Neben dem Kirchenfenster (Marc Chagall) hängen drei Schwerter nach unten. Sie stehen für Erkenntnisse, die verarbeitet werden müssen. Das vierte Schwert unter dem Grab ist die ruhende Tatkraft.

Die *Vier Schwerter* zeigt Stillstand, Ohnmacht und Zwangspausen, in denen man ruhig gestellt ist wie bei einer Krankheit oder bei Arbeitslosigkeit.

Liebe und Beziehung Stillstand, Isolation, «tote Hose»
Beruf Ohnmacht, Arbeitslosigkeit, verschobene Projekte
Allgemein Stillstand, Zwangspause, Krankheit, Isolation, verhinderte Aktivitäten

V Five of Swords / Fünf Schwerter

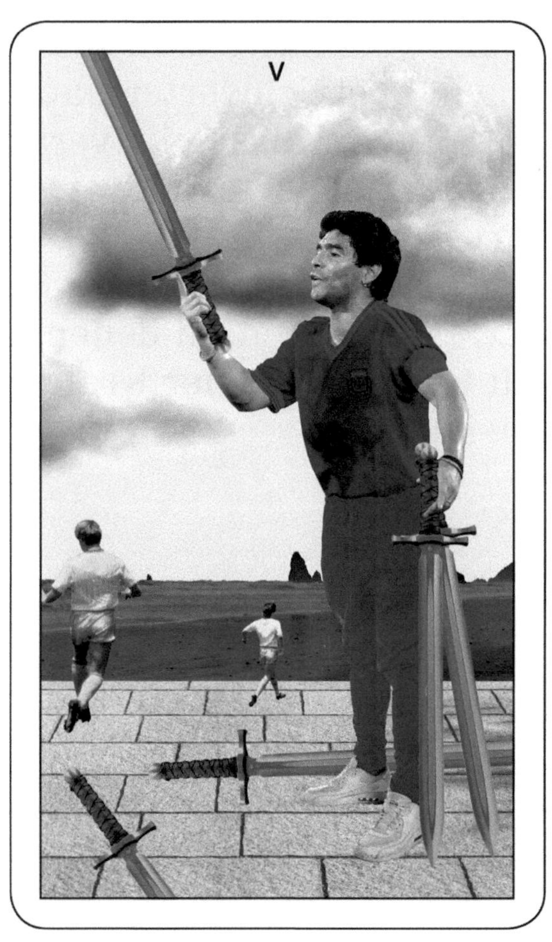

Niederlage

Es stürmt, am Himmel herrscht eine aufgewühlte Atmosphäre. Diego Maradona hält triumphierend drei Schwerter in den Händen. Zwei liegen auf dem Boden und symbolisieren die Verluste der zwei englischen Fussballspieler, die gerade in Richtung Meer davonrennen. Ihre Schwerter haben sie beim Kampf fallengelassen und bringen sich nun selbst in Sicherheit. *Die Hand Gottes* ist aber nur auf den ersten Blick der Sieger dieser Auseinandersetzung.

Die *Fünf Schwerter* zeigt einen verlustreichen Kampf, bei dem es letztlich nur Verlierer gibt. Denn auch der scheinbare Sieger wird merken, dass sein Sieg viel zu teuer erkauft wurde.

Liebe und Beziehung Scheitern, Herzlosigkeit, Beziehungskrieg
Beruf Üble Gemeinheiten, Flop, Mobbing, Desaster
Allgemein Niederlage, Demütigung, Widerwärtigkeit, Niedertracht

VI Six of Swords / Sechs Schwerter

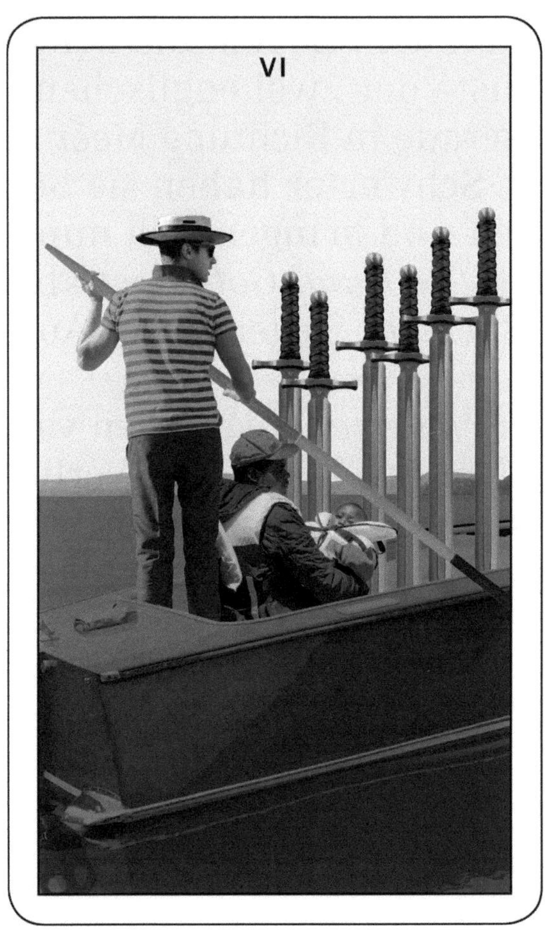

Mulmige Gefühle

Als erfahrener Helfer bringt ein Fährmann – hier ein venezianischer Gondoliere – zwei Passagiere an ein neues Ufer. Das Wasser ist ruhig, es wird wahrscheinlich eine ungefährliche Überfahrt werden, die Wetterlage ist allerdings grau und die Stimmung klamm. Der Bootspassagier ist fest in seine Kleidung und Überlebensweste gehüllt, was Trauer, Verlust und das Weggehen von seiner Vergangenheit impliziert. Das Kind ist nahe bei ihm, es sucht nach Schutz und Komfort auf ihrer gemeinsamen Reise. Die sechs ins Boot gesteckten Schwerter stehen dafür, dass die Passagiere den schweren Rucksack ihrer Vergangenheit mit sich in die Zukunft nehmen werden.

Die *Sechs Schwerter* steht für Veränderungen, die uns zu neuen Ufern bringen. Die gedrückte Stimmung der Karte aber zeigt, dass die Veränderung verhalten und mit Unbehagen erfolgt.

Liebe und Beziehung Sich aus einer alten Verbindung lösen oder sich zögerlich auf etwas Neues einlassen
Beruf Veränderung, spröder Neubeginn, Wechsel
Allgemein Aufbruch mit unsicheren Gefühlen, Umzug

VII Seven of Swords / Sieben Schwerter

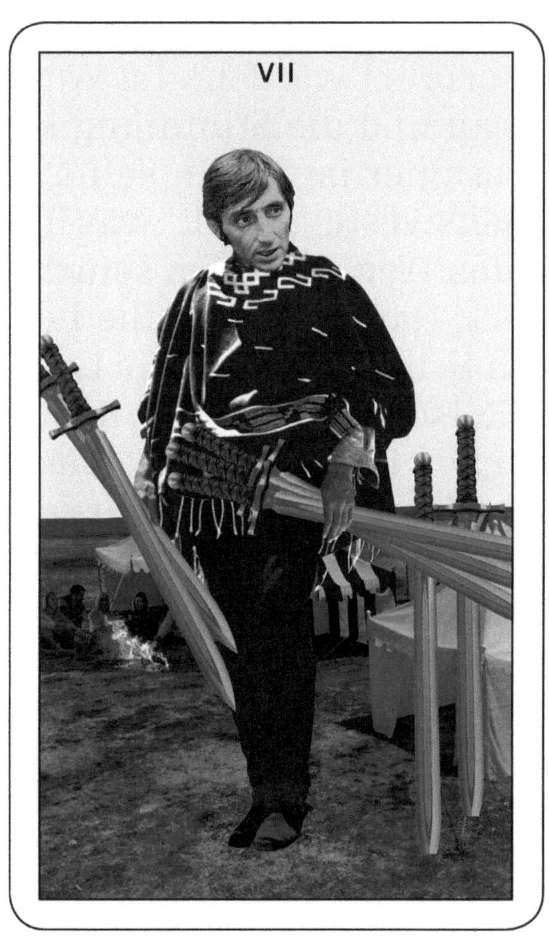

Unaufrichtigkeit

Protagonist auf dieser Karte ist der französische Meisterdieb Albert Spaggiari. Er ist bekannt wegen seines spektakulären Einbruchs 1976 in die *Bank Société Générale* in Nizza, den dort auf dem Tresor verewigten Spruch *Kein Schuss. Keine Gewalt. Kein Hass*, seiner noch spektakuläreren Flucht aus dem Fenster des Gerichtssaals und der Tatsache, dass er bis zu seinem Tod 1989 nicht mehr gefunden wurde. Spaggiari lässt gerade fünf Schwerter aus der Zeltstadt hinter sich mitgehen, ohne dass die Bewohner etwas davon merken. Die Bestohlenen sitzen ahnungslos am Lagerfeuer, während er sich davonschleicht.

Die *Sieben Schwerter* zeigt, dass Klugheit in fragwürdiger Weise als List und Tücke eingesetzt wird.

Liebe und Beziehung Unaufrichtigkeit, klärenden Gesprächen ausweichen, Verlogenheit, fremdgehen
Beruf Gerissenheit, Arglist, Betrug, Intrige
Allgemein List und Tücke, sich davonstehlen, Mogelei, Betrug, sich drücken

VIII Eight of Swords / Acht Schwerter

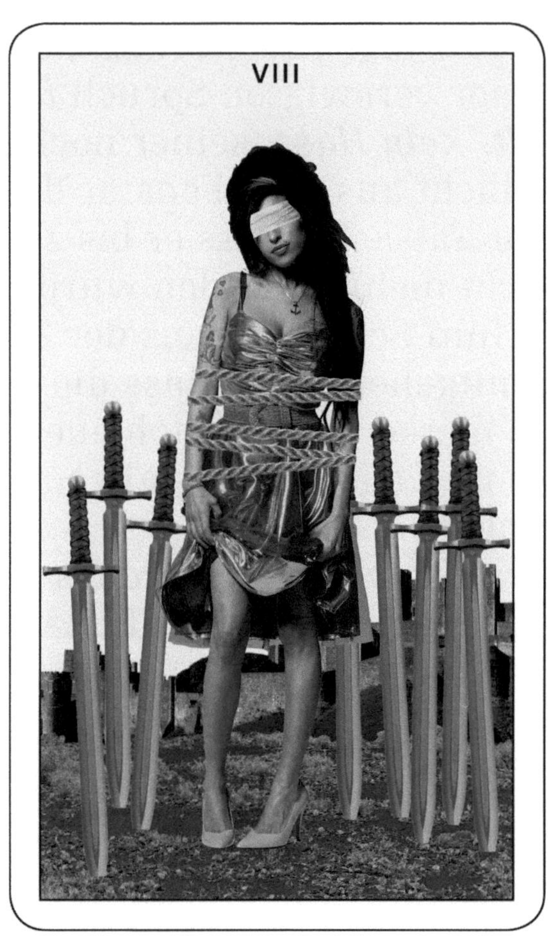

Hemmung

Acht Schwerter sind um Amy Winehouse in den nassen Boden der eher unwirtlichen Gegend gesteckt. Sie sind ein Symbol für ihre eingeschränkten Gedanken und Einstellungen, die sie davon abhalten, sich weiterzuentwickeln. Offensichtlich wurde sie aus der Burg im Hintergrund ausgesperrt. Ihre Augen sind verbunden und ihr Körper gefesselt, was sie demütigt und behindert. Könnte sie ihre Augenbinde entfernen, würde sie schnell merken, dass sie ihre Situation beeinflussen kann. Ihre Füsse im Wasser deuten darauf hin, dass sie intuitiv weiss, was ihre Augen nicht sehen können.

Es geht um Beschränkungen. Wenn sie nicht freiwillig selbst auferlegt sind (beispielsweise bei einer Fastenkur), dann spiegelt die Karte Hemmungen und Verbote.

Liebe und Beziehung Einengung, Hemmung, Verklemmtheit
Beruf Starke Beschränkung, sich zusammenreissen, langfristig unerträgliche Situation
Allgemein Durststrecke, Hemmung, Verbote, Verzicht, etwas Wesentliches nicht ausleben können

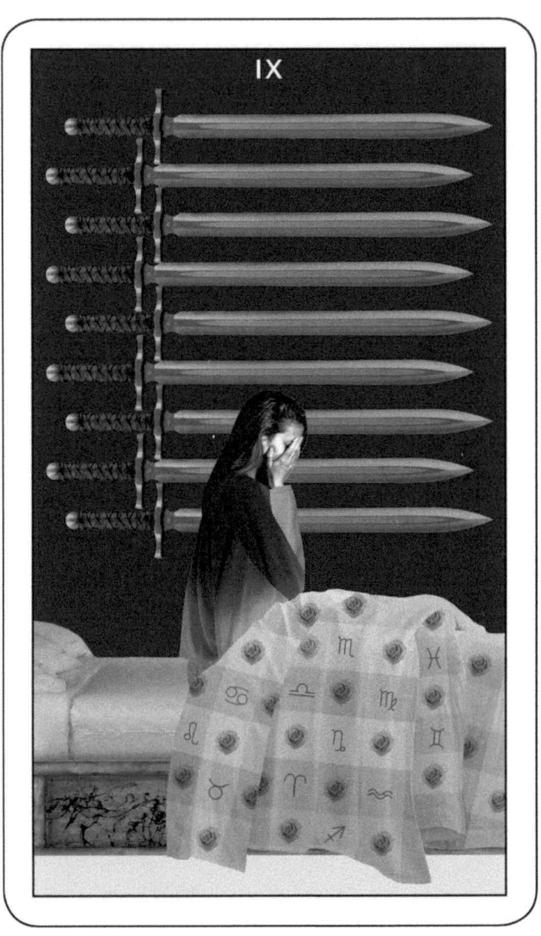
IX

Schlaflose Nächte

Die Frau (siehe *Ass der Kelche*) auf den *Neun Schwertern* scheint soeben aus einem schrecklichen Albtraum aufgewacht zu sein. Sie verdeckt ihr Gesicht mit den Händen. Vielleicht sind es Sorgen, Gewissensbisse oder Reue, die sie beschäftigen. Über ihr sind neun schwebende Schwerter, die einerseits als Bedrohung, andererseits auch als Repräsentanten ihrer negativen Gedanken interpretiert werden können. Es ist tiefe Nacht (Bedrückung, Aussichtslosigkeit), in ihrem Bettgestell ist die Studie einer Kampfszene (Raphael) zu sehen, die ihren inneren Konflikt zusätzlich unterstreicht. Nur die Rosen und die astrologischen Symbole, die auf ihre Bettdecke gestickt sind, bieten ihr Schutz.

Die *Neun Schwerter* zeigt schlaflose Nächte, Albträume und Ängste, aber auch Gewissensbisse und Reue.

Liebe und Beziehung Sorgen, Reue, Selbstzweifel, Kummer
Beruf Schlaflose Nächte, Befürchtungen, Reue
Allgemein Angst, Sorgen, Gewissensbisse, Albträume, Verzweiflung

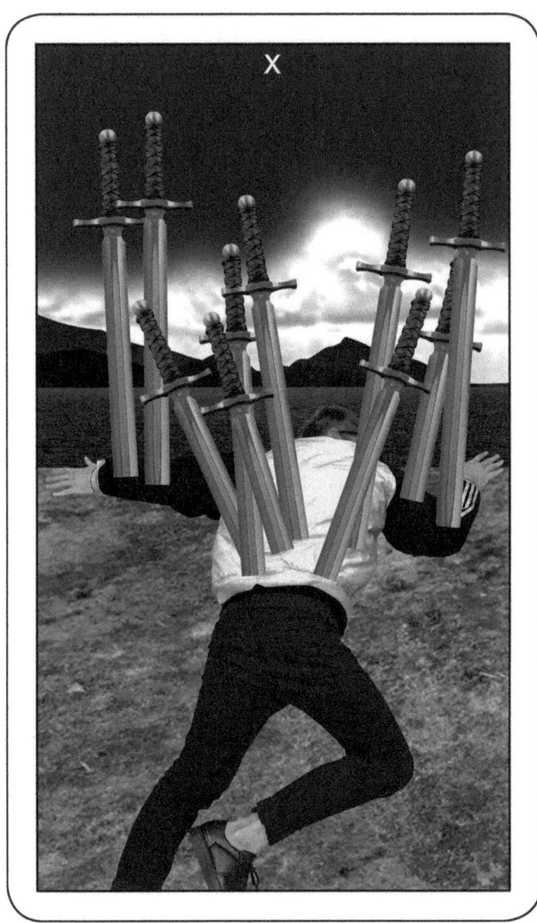
X

Abbruch

Ein offenbar toter Mann (siehe *Ass der Kelche*), dessen Körper von zehn Schwertern durchbohrt ist, liegt mit dem Gesicht nach unten auf der Erde. Seine gepflegte Kleidung zeigt, dass er mit Stolz und Würde aus der Welt scheidet. Der schwarze Himmel und die kühlen Farben am Horizont versprechen finstere Aussichten und eine kalte Atmosphäre. Bei näherer Betrachtung wird ein Sonnenaufgang erkennbar, eine Botschaft für erneuten Sinn, Hoffnung und Möglichkeiten. Die ruhige See verspricht, dass selbst in schlimmsten Situationen Ruhe und Frieden gefunden werden können.

Die *Zehn Schwerter* zeigt, dass etwas willkürlich beendet oder abgebrochen wird. Je nachdem, worum es geht, kann das Ende befreiend oder traurig erlebt werden.

Liebe und Beziehung «Schluss machen» etwas konsequent beenden
Beruf Einen konsequenten Schlussstrich ziehen, jähes Ende
Allgemein Willkürliches Ende, «Tabula rasa», etwas abbrechen, Ende

Page of Swords / Bube der Schwerter

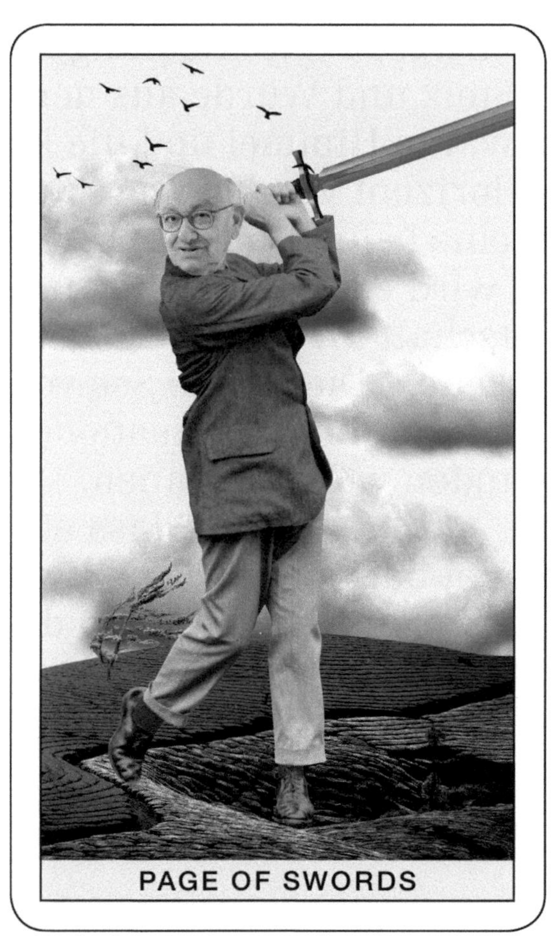

Kritische Impulse

Ein Bube ist immer ein Impulsgeber.
Der *Bube der Schwerter* ist ein Kritiker: Marcel Reich-Ranicki schwingt das Schwert über seinem Kopf. Das zeigt, dass er bereit für Konflikte, Kritik und Angriff ist. Sein Körper ist auf die eine, sein Blick auf die andere Seite gerichtet – er möchte sehen, was um ihn herum passiert. Die Atmosphäre ist kühl und windig. Der Vogelschwarm am Himmel verkörpert die vielen Ideen des Buben.

Es geht um eine Chance, etwas zu klären, aber auch um das Risiko, selbst kritisiert und angegriffen zu werden.

Liebe und Beziehung Bedrohung, Krise, Streit, klärende Aussprache
Beruf Kritischer Gegenwind, Ärger, Sticheleien, Chance, etwas zu klären
Allgemein Kritisiert werden, heraufziehender Konflikt, Chance, durch Kritik klug zu werden

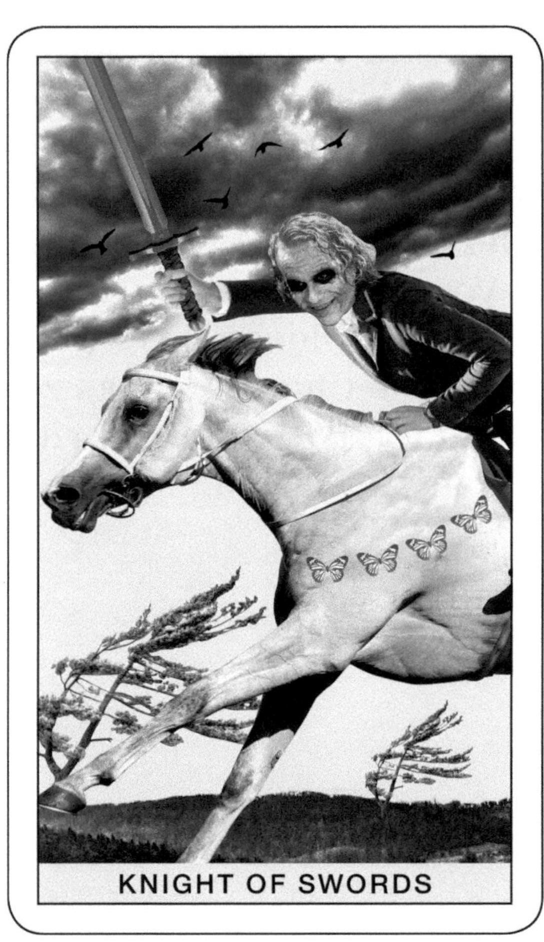
KNIGHT OF SWORDS

Kaltblütigkeit

Ein Sturm tobt, steter Gegenwind zerreisst die Wolken und stellt die Bäume schief. Ein galoppierendes Pferd stürmt vorwärts, der streitlustige Angreifer Heath Ledger (hier als Joker im Film *The Dark Knight*) ist bereit zum Angriff.

Der *Ritter der Schwerter* symbolisiert eine kalte bis frostige Atmosphäre, eine Stimmung, in der es leicht zu Streit und heftigen Auseinandersetzungen kommt und nur selten zu Klärung und Erkenntnis.

Liebe und Beziehung Frost, Krise, Streitlust, üble Gemeinheiten
Beruf Temperatursturz, Streit, eiskaltes Taktieren
Allgemein Nüchterne, kalte, frostige Stimmung, Aggressivität

Queen of Swords / Königin der Schwerter

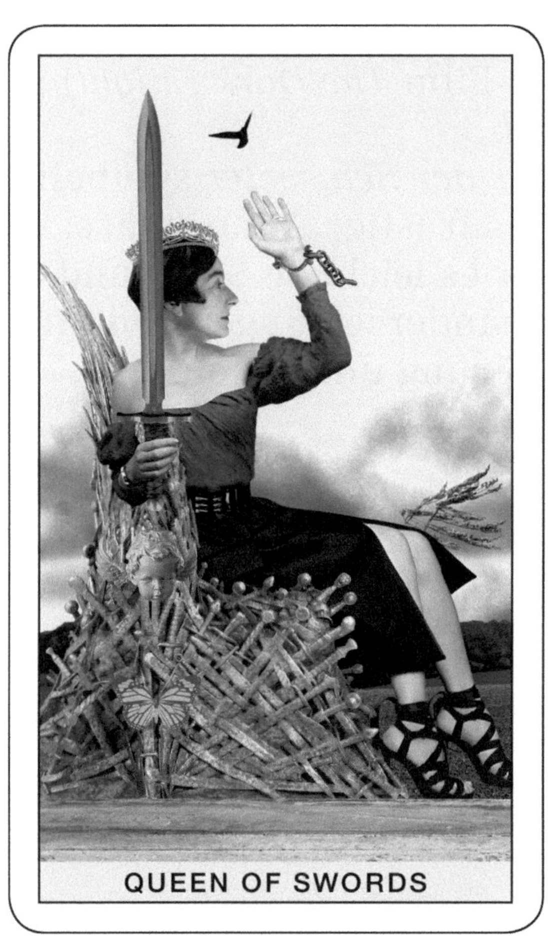

Die unabhängige Frau

Eileen Gray hat wertvolle Ideen: Sie sitzt mit senkrecht nach oben gerichtetem Schwert (zielgerichtetes Streben nach Erkenntnis) auf *Dem Eisernen Thron* (Aus der Serie *Game of Thrones*). Sie ist offen und empfänglich wie alle Königinnen, hatte allerdings Probleme in der Vergangenheit: Die Reste der Fesseln an ihrem linken Handgelenk weisen darauf hin, dass sie sich aus Abhängigkeiten befreit hat. Neugier und Leichtigkeit sind in Form von Schmetterlingen auf dem Bild zu sehen, der Vogel am Himmel symbolisiert. dass das Denken dieser Königin auf Erkenntinis ausgerichtet ist. Neben dem Schmetterling befindet sich eine Sylphe (ein Naturgeist des Luftelements) auf dem Thron, im Hintergrund weht ein starker Wind.

Die *Königin der Schwerter* wird als eine unabhängige, selbstbewusste, kluge und kühle Frau dargestellt, die sich möglicherweise gerade aus Abhängigkeiten befreit hat.

Liebe und Beziehung Eine charmante, aber kühle Frau, locker und lässig, aber auch distanziert und spröde
Beruf Eine unabhängige, kühle Frau, eine versierte Expertin
Allgemein Eine coole bis kühle Frau, geistreich, gewitzt, wortgewandt, clever, berechnend

King of Swords / König der Schwerter

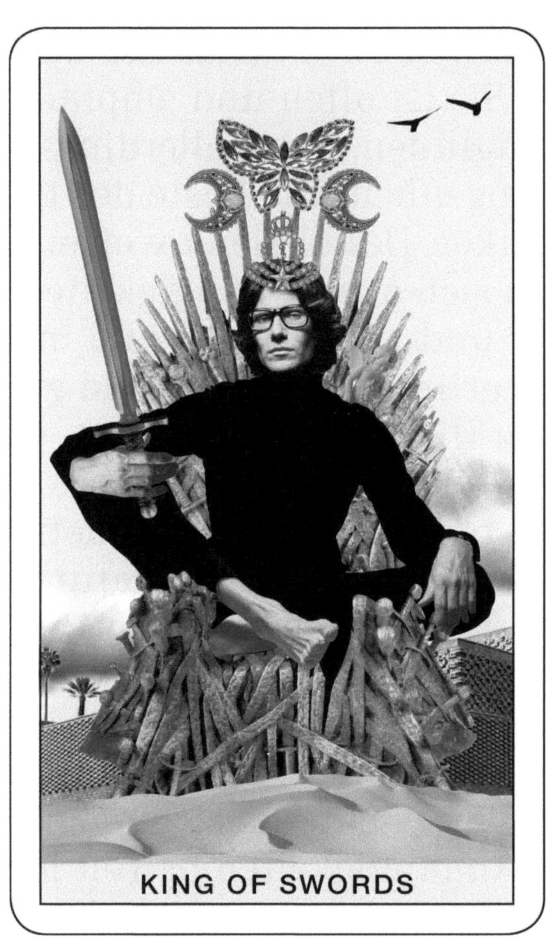

Der kluge, kritische Mann

Souverän und aktiv ist Yves Saint Laurent. Zwei Vögel kreisen über seinem Kopf – der König geht mehreren Ideen und Gedanken gleichzeitig nach. Auf *Dem Eisernen Thron* ist ein grosser Schmetterling, der Neugier und Leichtigkeit verkörpert. Das Wetter hat sich beruhigt, der starke Wind, der im Hintergrund von *Bube*, *Ritter* und *Königin der Schwerter* geweht hat, hat sich beruhigt. Des Königs Krone steht für wertvolle Erkenntnisse, das schräge Schwert in der Rechten für kritisches und kluges Abwägen.

Der *König der Schwerter* wird als ein intelligenter, aufgeschlossener, kühler und cleverer Mann dargestellt.

Liebe und Beziehung Ein charmanter, aber kühler Mann, locker und lässig, aber auch distanziert und spröde
Beruf Ein unabhängiger, cleverer, Mann, ein Experte, Freiberufler
Allgemein Ein cooler bis kühler Mann, geistreich, gewitzt, wortgewandt, clever, berechnend

Cups / Kelche

Kleine Arkana

Der Kelch ist das dem Wasserelement entsprechende Tarotsymbol.

Die kleine Arkana beinhaltet 56 Karten, die aus vier Farbsätzen zu je 14 Karten bestehen. Eine Gruppe setzt sich aus 10 Zahlenkarten und 4 Hofkarten zusammen. Arkana ist der Plural des lateinischen Wortes *Arcanum* (Geheimnis).

I Ace of Cups / Ass der Kelche

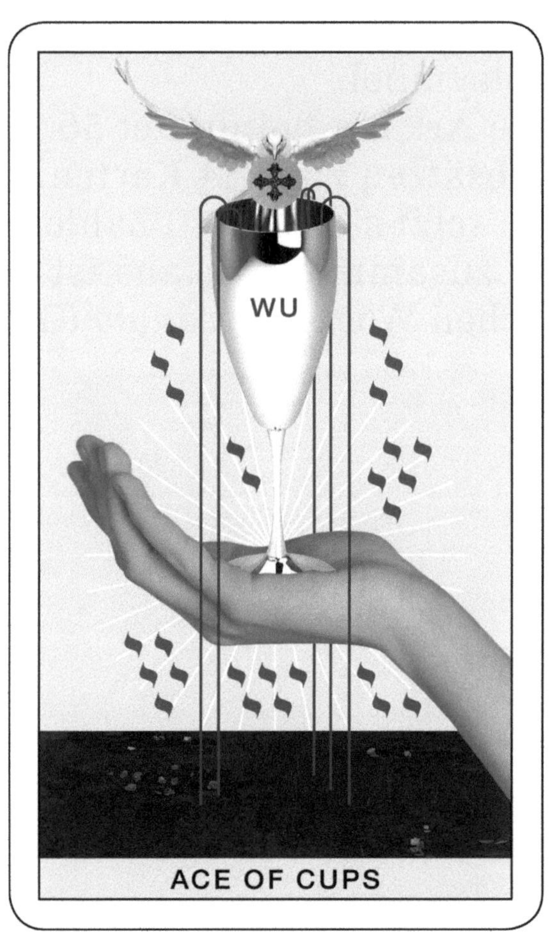

Chance, Erfüllung zu finden

Die Hand präsentiert auf dieser Karte einen Kelch, Repräsentant für Erfüllung, Glück und Liebe. Fünf Wasserströme (die fünf Sinne) und 26 Tautropfen (Yohds) sprudeln aus dem Kelch – der schon zum Überfliessen voll ist – direkt in den Teich von Claude Monet. Die Seerosen darin verkörpern das Schöne, das sogar aus dem Schlamm erblühen kann. Oben lässt eine Taube (der heilige Geist) eine Hostie in den Kelch fallen, die sicherstellt, dass sich die wundertätige Kraft des Grals erneuert. Die Gravur auf dem Kelch ist eine Reminiszenz an die beiden Schöpfer der Karten.

Jedes Ass bietet eine Chance. Das *Ass der Kelche* bietet eine gute Gelegenheit, Glück, Liebe und Erfüllung zu finden.

Liebe und Beziehung Die grosse Liebe und glückliche Zeiten sind greifbar nahe
Beruf Chance, seiner Berufung zu folgen und Erfüllung zu finden
Allgemein Chance, grosses Glück und tiefe Zufriedenheit zu finden

II Two of Cups / Zwei Kelche

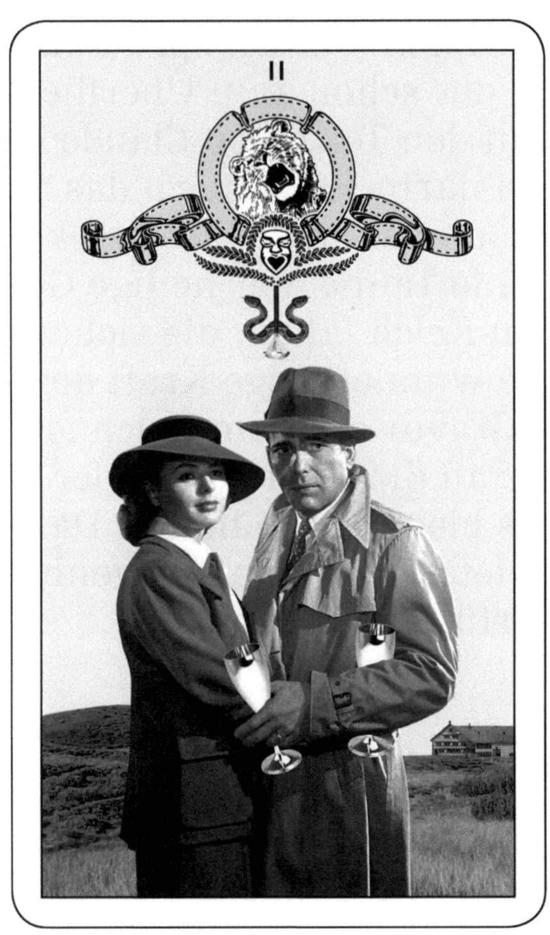

Sympathische Begegnung

Ingrid Bergman und Humphrey Bogart (als Ilsa Lund und Rick Blaine in *Casablanca*) sind aufeinander zugegangen und haben sich zusammengeschlossen. Über ihnen fliegt ein geflügelter *Metro-Goldwyn-Mayer*-Löwe, die Verbildlichung der beflügelten Leidenschaft. Der Schlangenstab, der aus diesem hervorgeht, symbolisiert die Verbindung der Gegensätze. Auf dem grünen Hügel im Hintergrund steht ein Haus, das erfreuliche Aussichten auf Gemeinsamkeit und Geborgenheit verspricht.

Die *Zwei Kelche* zeigt die liebevolle Begegnung, die Versöhnung oder den Zusammenschluss.

Liebe und Beziehung Sich verlieben, sich versöhnen, gemeinsame Sache machen
Beruf Willkommen sein, sich verbinden, kooperieren
Allgemein Liebevolle Begegnung, aufeinander zugehen, Frieden schliessen

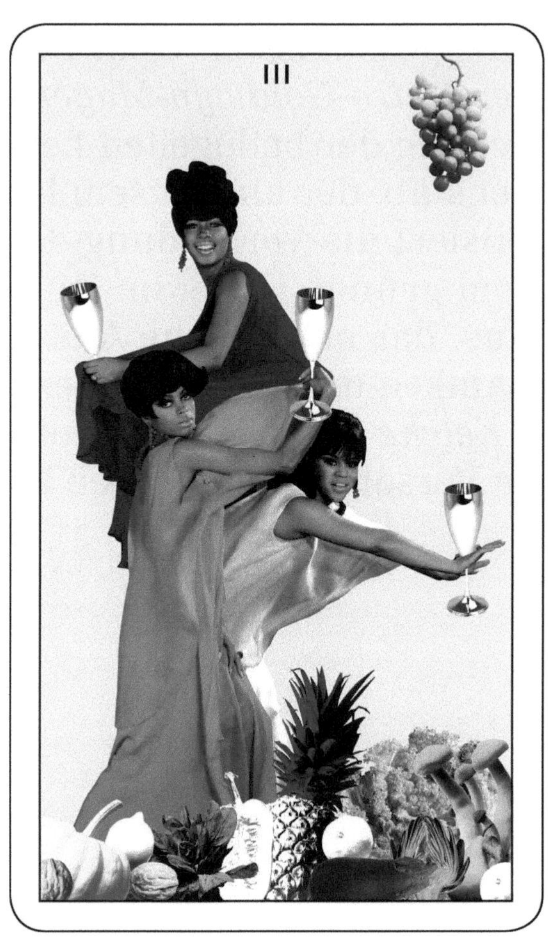
III

Dankbare Freude

Früchte und Gemüse schmücken die Karte der *Drei Kelche* und zeigen die eingebrachte Ernte in ihrer ganzen Pracht. Die stilprägende *Motown*-Girlgroup *The Supremes* halten ihre Kelche nach oben und stossen an: Sie feiern zusammen das Erntedankfest und tanzen voller Freude und Glück.

Die *Drei Kelche* zeigt, dass eine Angelegenheit gut verlaufen ist, und wir darüber glücklich, dankbar und zufrieden sind.

Liebe und Beziehung Grosses Glück und Dankbarkeit, Hochzeit, Mutterschaft
Beruf Freude über ein gutes Geschäft oder einen erfolgreichen Schritt
Allgemein Erfolg und Dankbarkeit, Genesung, seine Freude mit anderen teilen

IV Four of Cups / Vier Kelche

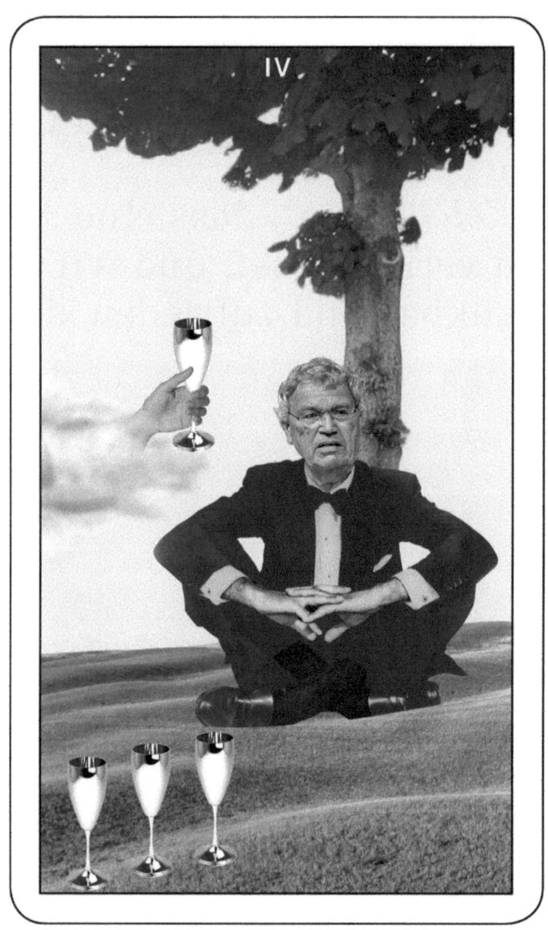

Verstimmung

Obwohl die Wolkenhand den Kelch direkt vor Gerhard Polts Nase hält, verschliesst sich dieser der unerwartet gebotenen Chance und übersieht sie dadurch. Vor lauter Grollen und Schmollen macht ihm etwas eigentlich Gutes und Vertrautes überhaupt keine Freude mehr.

Die *Vier Kelche* zeigt die Verstimmung über etwas, das vielleicht gerade noch als beglückend erlebt wurde. Zugleich warnt die Karte davor, dass man vor lauter Unmut auch gute Chancen übersehen kann.

Liebe und Beziehung Schmollen, «dicke Luft», Lethargie
Beruf Verärgerung, Frust, primadonnenhaftes Verhalten, Engstirnigkeit aus Trotz
Allgemein Unmut, Beleidigtsein, aus Verdrossenheit eine wertvolle Chance verpassen

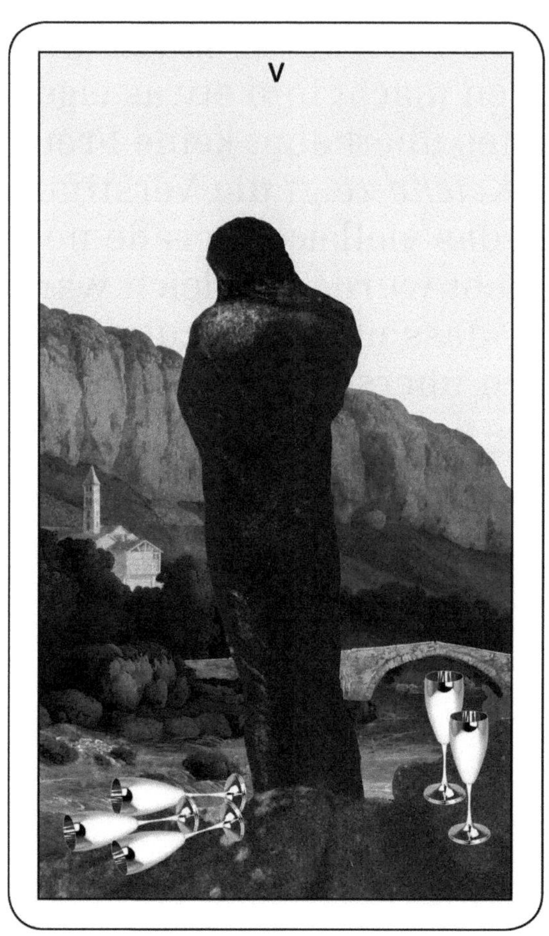
V

Trauer

Eine schwarz gekleidete Person in Trauer (Odysseus in Arnold Böcklins Gemälde *Odysseus und Kalypso*) steht mit dem Rücken zum Betrachter gewandt. Die Burg in weiter Ferne ist sein Zuhause und verspricht Sicherheit und Rettung. Im Moment scheint sie aber unerreichbar, weil ein Fluss dazwischen liegt. Die auf den zweiten Blick erkennbare Brücke – auf dem Bild *Ansicht von Giornico vom St. Gotthardpass* von Jakob Philipp Hackert – bietet einen Ausweg aus dem Dilemma. Drei umgeworfene Kelche zeigen das Gescheiterte, die zwei aufrecht stehenden im Rücken des Trauernden sind unterstützende Kräfte, die ihm den Weg über die Brücke erleichtern werden.

Die *Fünf Kelche* zeigt Kummer und Trauer über etwas, das gescheitert ist. Es gibt aber Kräfte, die den Rücken des Betroffenen stärken, und – wenn die Trauer verarbeitet ist –, wird es einen Ausweg und neue Ziele geben.

Liebe und Beziehung Liebeskummer, Verlust des Partners, Enttäuschung, Alleinsein
Beruf Verluste, schwere Enttäuschung, trübe Zeiten
Allgemein Kummer, Verlust, Verlassenheit, gescheiterte Hoffnung

VI Six of Cups / Sechs Kelche

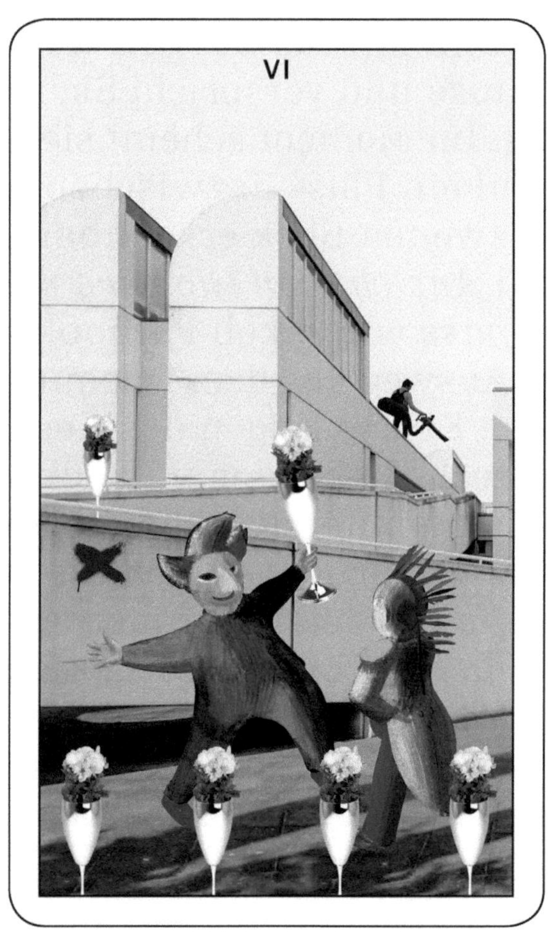

Beflügelnde Erinnerungen

Im Innenhof eines (brutalistischen) Gebäudes spielen Kinder – zwei herausgelöste Figuren aus dem Gemälde *Buebezügli* von Niklaus Stoecklin. In seiner kindlichen Liebe und Unbekümmertheit schenkt der Junge dem Mädchen einen Kelch mit Blumen. Wie in längst vergangenen Zeiten der eigenen Kindheit spielen die beiden: Die aus den Kelchen wachsenden Blumen verkörpern die Schönheit der Erinnerung. Ein Mann mit Laubbläser im Hintergrund verspricht indessen Schutz und Sicherheit. Er entfernt sich vom Geschehen, als wolle er den Kindern Platz für ihre Spielereien machen und sich selber um erwachsene Dinge kümmern.

Die *Sechs Kelche* steht für anregende Erinnerungen und für Begegnungen mit Themen oder Menschen aus der Vergangenheit.

Liebe und Beziehung Einer alten Liebe begegnen, sich vergangener Zeiten erinnern, Verliebtheit
Beruf Sich früherer Ziele erinnern, alte Kontakte, die hilfreich wären
Allgemein Hilfe aus der Vergangenheit, Nostalgie, sich alter Bilder, Wünsche und Pläne erinnern

VII Seven of Cups / Sieben Kelche

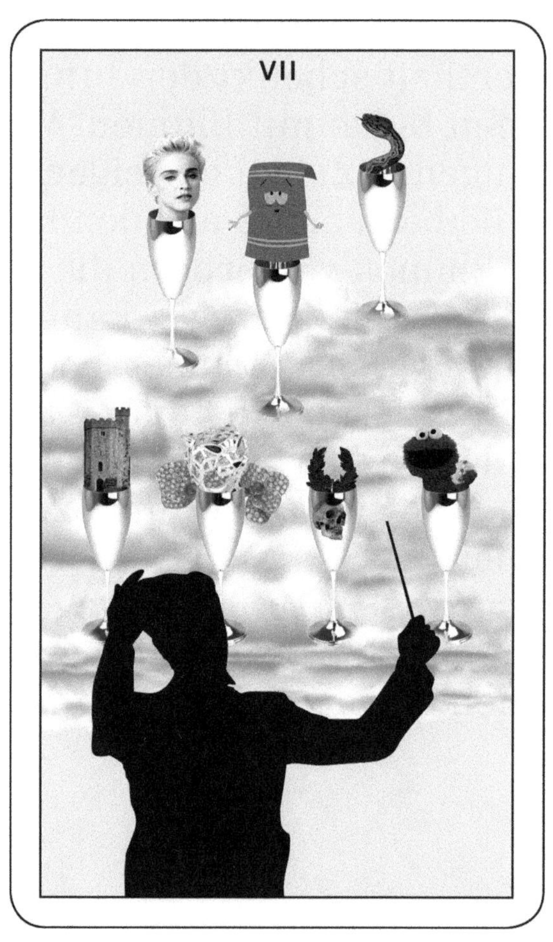

Illusion

Sieben, vom Dirigenten Herbert von Karajan orchestrierte Kelche schweben in der Luft. Die Wolken zeigen, dass es sich bei den Kelchen und deren Inhalten um die Wünsche des Dirigenten handelt: Madonna = geistiges Leben, *Towlie the Towel* = das verborgene Selbst, Burg = Rettung, Edelsteine = Seele, Lorbeer mit Totenkopf = Sieg, Krümelmonster = Aggressivität, Kampf. Nicht jeder Kelch ist so positiv ausgerüstet, wie es auf den ersten Blick scheint. Die Karte warnt vor unbedachten Wünschen, die zu grossen Enttäuschungen führen können. Entscheidungen sollen nicht durch den ersten Eindruck gefällt, sondern wohl durchdacht werden.

Die *Sieben Kelche* zeigt in seltenen Fällen eine Vision. In aller Regel steht sie für eine Illusion, die früher oder später zur Enttäuschung führt.

Liebe und Beziehung Verliebtheit, Schwärmerei, Rausch
Beruf Einer Fata Morgana nachlaufen, Gefahr von Täuschung und Intrigen
Allgemein Visionen, häufiger jedoch Schwärmereien, Illusionen, Wunschdenken

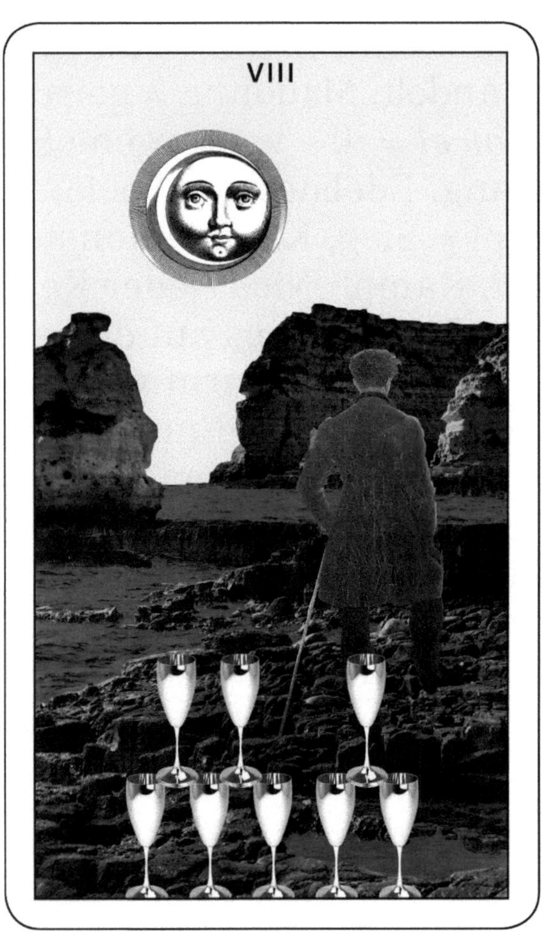
VIII

Ungewisser Aufbruch

Die *Acht Kelche* vor dem *Wanderer über dem Nebelmeer* von Caspar David Friedrich zeigen das Vertraute, das zurückbleibt. Sie sind angeordnet, als würde einer von ihnen fehlen. Dies kann als die emotionale Leere gedeutet werden, die den Wanderer zu seinem Entschluss geführt hat, aufzubrechen. Ein *Fornasetti*-Mond beleuchtet den Weg durch die Nacht, der wegen der Felsen und Schluchten im Hintergrund schwer erkennbar ist: Er führt ins Ungewisse. Dass der Weg flussaufwärts startet, verspricht dem Wanderer schon jetzt eine beschwerliche Reise, die aber auf lange Sicht nötig sein wird, damit er sein Glück finden kann.

Die *Acht Kelche* zeigt einen Aufbruch aus eigenem Entschluss. Aber der Neubeginn fällt nicht leicht. Man trennt sich nur schwer von Vertrautem und kann noch nicht sehen, wie es wirklich weitergeht.

Liebe und Beziehung Trennung, eigene Wege gehen, Abnabelung
Beruf Das vetraute Umfeld verlassen, einer ungewissen Zukunft entgegengehen
Allgemein Abschied schweren Herzens, ins Ungewisse gehen, Aufbruch aus eigenem Entschluss

IX Nine of Cups / Neun Kelche

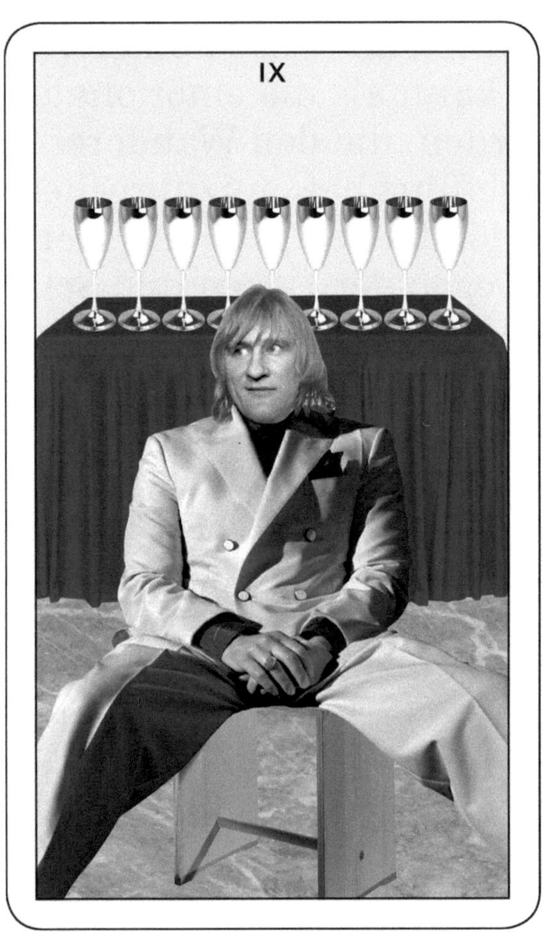

Geselligkeit

In freudiger Erwartung sitzt Gérard Depardieu auf einem *Ulmer Hocker* von Max Bill und erwartet die Ankunft seiner Gäste. Neun Kelche sind auf dem Tisch hinter ihm aufgereiht und versprechen Geselligkeit und Wohlbefinden.

Die *Neun Kelche* zeigt eine wohlverdiente Zufriedenheit. Sie steht für Gastfreundschaft und die Freude, mit sympathischen Menschen zusammenzusein.

Liebe und Beziehung Das Glück geniessen, Herzlichkeit, tiefe Freundschaft
Beruf Kollegialität, guter Gemeinschaftsgeist, Grund zum Feiern
Allgemein Zufriedenheit, Lebensfreude, Geselligkeit, Sorglosigkeit, sich entspannen

X Ten of Cups / Zehn Kelche

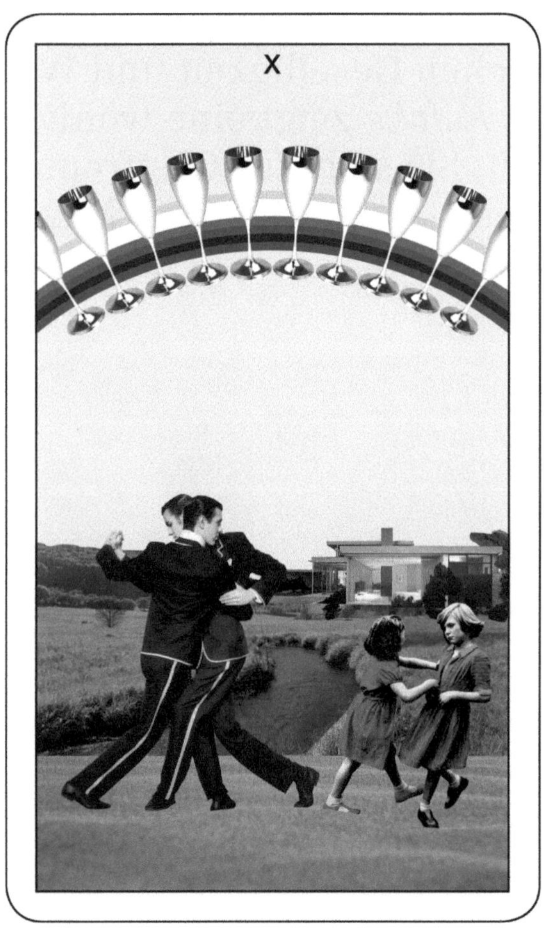

Harmonie

Die Familie im Vordergrund erfreut sich am Regenbogen (und natürlich den Kelchen), der für das Ende einer schwierigen Zeit steht. Das schöne Haus (von Richard Neutra), das sie ihr Zuhause nennen können, macht sie glücklich. Das satte Grün der Hügel steht für Fruchtbarkeit, der Fluss für Emotionen, die wahrhaftig ausgelebt und nun gefeiert werden können. Die Kinder und die argentinischen Brüder Enrique and Guillermo De Fazio (*Los Hermanos Macana*) tanzen und sind dankbar für die Liebe, die sie empfinden.

Die *Zehn Kelche* zeigt Glück, Harmonie und Zufriedenheit. Sie macht deutlich, dass wir uns im richtigen Umfeld wohlfühlen, sei es in der Familie, im Freundeskreis oder mit den Kollegen am Arbeitsplatz.

Liebe und Beziehung Neue Freundschaft, glückliche Zeiten, Heirat, Familie
Beruf Gutes Arbeitsklima, Teamwork, sich mit anderen zusammentun
Allgemein Grosses Glück, tiefe Harmonie, Familienglück, emotionale Sicherheit

Page of Cups / Bube der Kelche

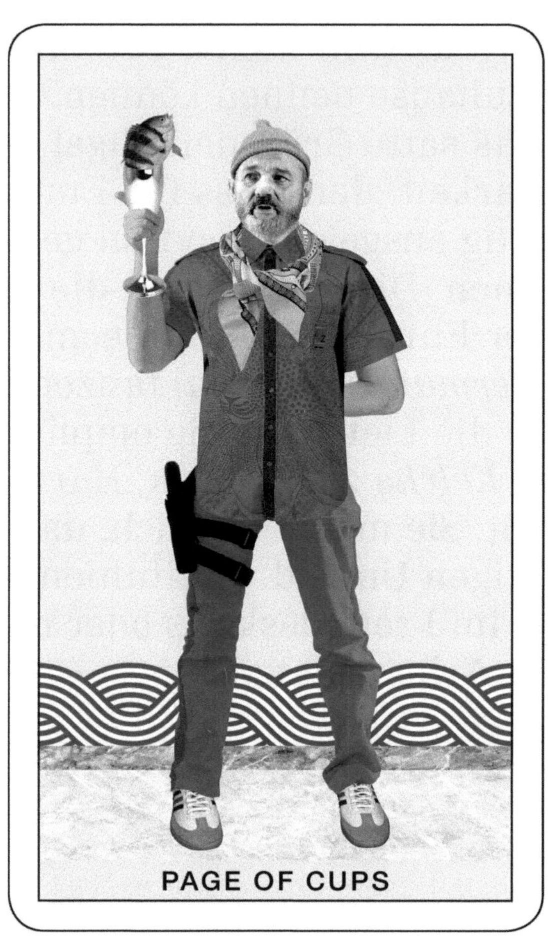

Liebevolle Impulse

Liebe und Veständnis gehen vom Kelch aus, den der Impulsgeber und Bube Bill Murray (in der Rolle des Captain Zissou in Wes Andersons Film *The Life Aquatic with Steve Zissou*) in der rechten Hand hält. Sein Hemd ziert ein florales Muster und er trägt Mütze und Schal. Ein Fisch taucht aus dem Innern des Kelches auf und schaut Bill Murray in die Augen: Die beiden verstehen sich. Das unerwartete Auftauchen des Fisches zeigt, dass Inspiration und Kreativität oft aus dem Nichts kommen und nur gesehen werden können, wenn der Geist offen dafür ist. Das ruhig wellende Meer steht für Emotionalität, Sanftheit, Tiefe und Frieden.

Der *Bube der Kelche* symbolisiert einen liebevollen, friedlichen Impuls, der von aussen kommt und dem wir uns gerne öffnen.

Liebe und Beziehung Liebevolle, versöhnliche Geste, Heiratsantrag, Chance, sich zu verlieben
Beruf Ein sympathisches Angebot, eine freundliche Unterstützung
Allgemein Wasser auf die Mühle des Fragenden, eine freundliche Geste, eine Schmeichelei

Knight of Cups / Bube der Kelche

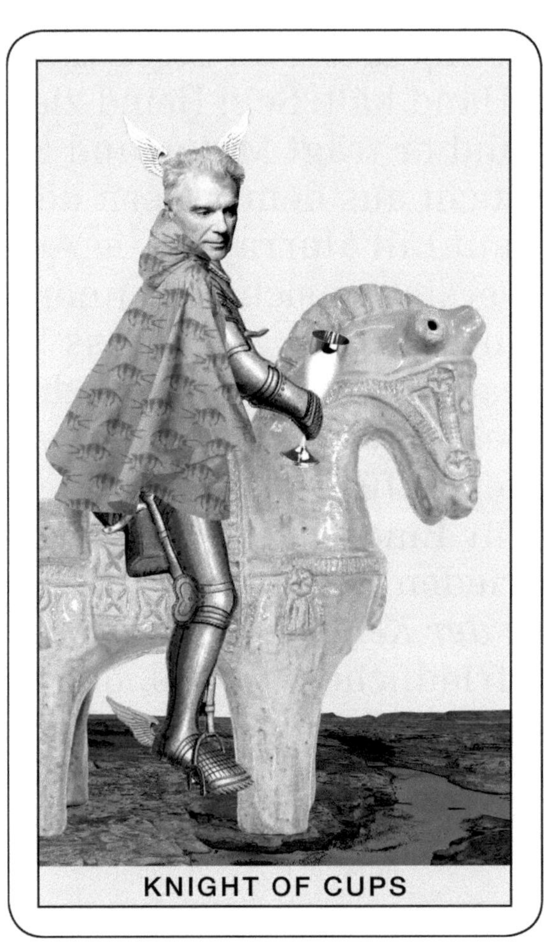

Liebe und Frieden

Aldo Londis Keramik-*Pferdchen* für *Bitossi* ist kurz davor, einen Fluss zu überqueren, der das Überschreiten einer Schwelle symbolisiert. Anders als bei den *Rittern der Stäbe und Schwerter* schreitet das reine, weisse Pferd gemächlich und strömt Ruhe und Frieden aus. Auf seinem Rücken reitet der edle Ritter David Byrne: Er hält einen Kelch, den Repräsentanten einer Nachricht, die direkt aus dem Herzen kommt. Sein Umhang hat ein Muster aus Fischen, Symbol des Wassers, aber auch für Kreativität und Bewusstsein. Sein Helm und die Stiefel sind mit Flügeln geschmückt, ein Ausdruck seiner aktiven Vorstellungskraft und seiner Wertschätzung für schöne Dinge.

Der *Ritter der Kelche* symbolisiert eine liebevolle, warmherzige Atmosphäre, eine harmonische Stimmung, Frieden und Verliebtheit.

Liebe und Beziehung Verliebtheit, Frühlingsgefühle, glückliche Zeiten
Beruf Harmonisches Arbeitsklima, gute Stimmung
Allgemein Freundliche, liebevolle, versöhnliche Atmosphäre, Harmonie und Verliebtheit

Queen of Cups / Königin der Kelche

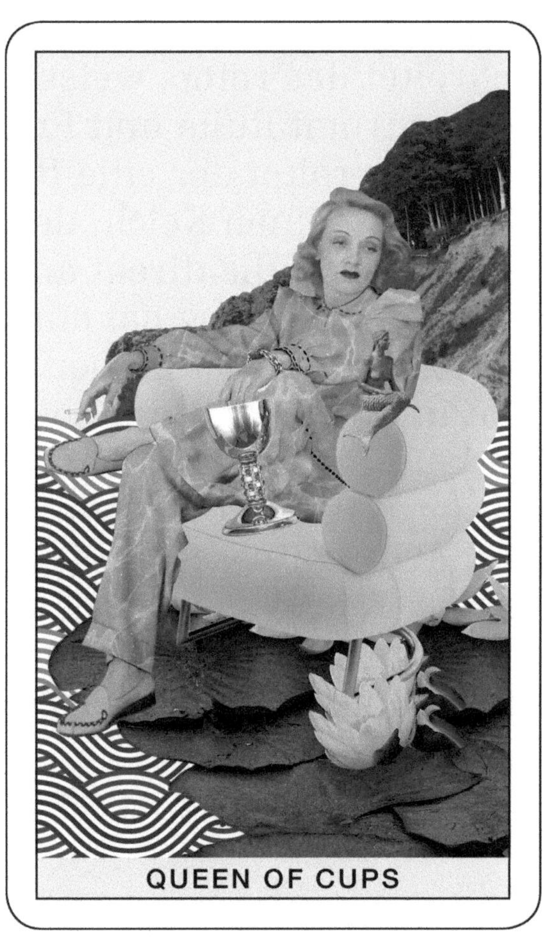

Die liebevolle Frau

Auf der Armlehne eines weissen *Bibendum* Sessels von Eileen Gray sitzt eine Nixe, der verlockende Naturgeist des Elementes Wasser. Die Königin Marlene Dietrich hält einen sakralen Kelch in der Hand. Der Himmel ist klar, und sie ist von Wasser und Wasserelementen, die Emotionen, Phantasien und Empfindungen verkörpern, umgeben. Ihre Füsse berühren nicht den Boden, sondern nur Wasser und ab und an den Seerosenteppich: Sie ist mit ihren Emotionen verbunden, wird aber nicht von ihnen überwältigt.

Die *Königin der Kelche* wird als eine sympathische, einfühlsame, verständnisvolle und gefühlstiefe Frau dargestellt, die eine mediale Ader hat und ihren Visionen folgt.

Liebe und Beziehung Eine sanfte, liebevolle, gefühlsstarke Frau, romantisch und manchmal verträumt
Beruf Eine musische, intuitive Frau, hilfsbereit, instinktsicher, Künstlerin
Allgemein Eine einfühlsame, sanfte, oft mediale Frau, fürsorglich, sensibel, gefühlvoll.

King of Cups / König der Kelche

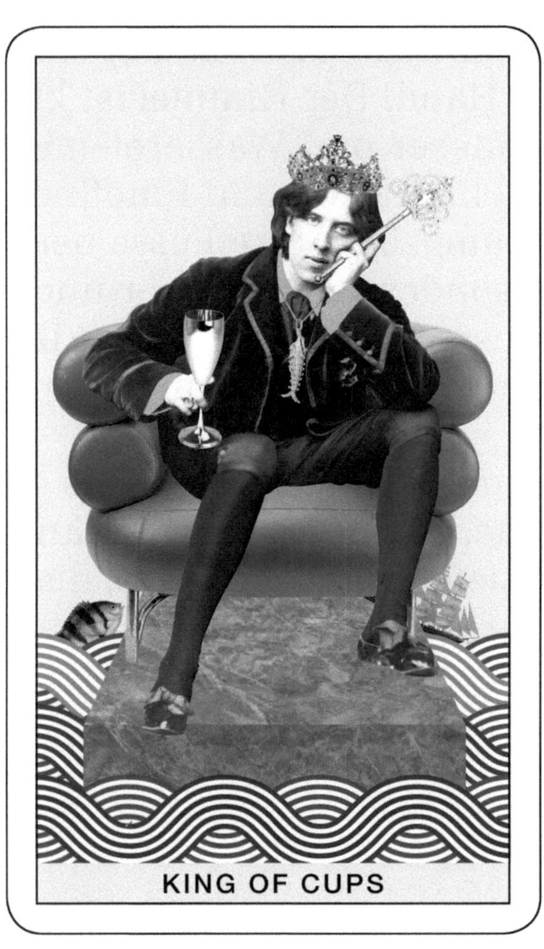

Der gefühlvolle Mann

Always be a little unexpected: Oscar Wilde hat als souveräner König den *Bibendum*-Thron bestiegen, seine Haltung demonstriert aufmerksame Offenheit. Der Kelch in seiner Rechten steht für den bewussten Ausdruck seiner Gefühle, das Zepter und die Krone für seine Macht, Stärke und Souveränität. Als Zeichen seiner Emotionalität trägt er ein Fisch-Amulett. Das feste marmorne Fundament, das vom gefühlstiefen Wasser umflossen wird, gibt seinen Füssen Halt und ihm selbst eine solide Basis, selbst wenn das Meer einmal etwas turbulenter sein sollte. Im Wasser schwimmen ein Fisch (Lebendigkeit) und ein Schiff als Zeichen seiner Verbindungen in die Welt.

Der *König der Kelche* wird als ein sympathischer, gefühlvoller und instinktsicherer Mann dargestellt.

Liebe und Beziehung Ein sanfter, liebevoller, romantischer Mann,
Beruf Ein musischer, intuitiver Mann, hilfsbereit, instinktsicher, Künstler
Allgemein Ein einfühlsamer, sanfter, medialer Mann, fürsorglich, sensibel, gefühlvoll

Pentacles / Münzen
Kleine Arkana

Die Münze ist das dem Erdelement entsprechende Tarotsymbol.

Die kleine Arkana beinhaltet 56 Karten, die aus vier Farbsätzen zu je 14 Karten bestehen. Eine Gruppe setzt sich aus 10 Zahlenkarten und 4 Hofkarten zusammen. Arkana ist der Plural des lateinischen Wortes *Arcanum* (Geheimnis).

I Ace of Pentacles / Ass der Münzen

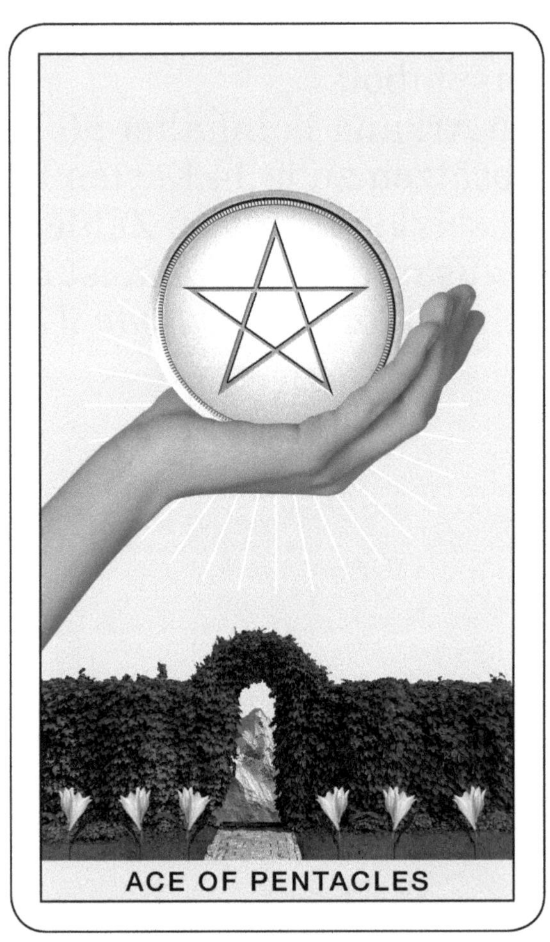

Chance, sein Glück zu machen

Auf der Fläche einer Hand liegt die Münze als Inbegriff dauerhaften Werts. Der Fünfstern, der auf die Münze geprägt ist, repräsentiert den Wert des Innerern und das Streben nach Höherem. Der grüne Garten (Fruchtbarkeit), in dem weisse Lilien (Reinheit) wachsen, ist umgeben von einer Hecke mit Tor, durch das ein Weg führt. Das Tor bietet gute Aussicht auf einen Berg im Hintergrund, der einen Höhepunkt verkörpert.

Jedes Ass bietet eine Chance. Das *Ass der Münzen* bietet eine gute Gelegenheit, greifbaren Erfolg, solide Ergebnisse und beständiges Glück zu finden, oder einfach gutes Geld zu verdienen.

Liebe und Beziehung Glück und Beständigkeit sind greifbar nahe
Beruf Gute Gelegenheit für Erfolg, Gewinn und sichere Perspektiven
Allgemein Gute, handfeste Chance, inneren wie äusseren Reichtum zu finden

II Two of Pentacles / Zwei Münzen

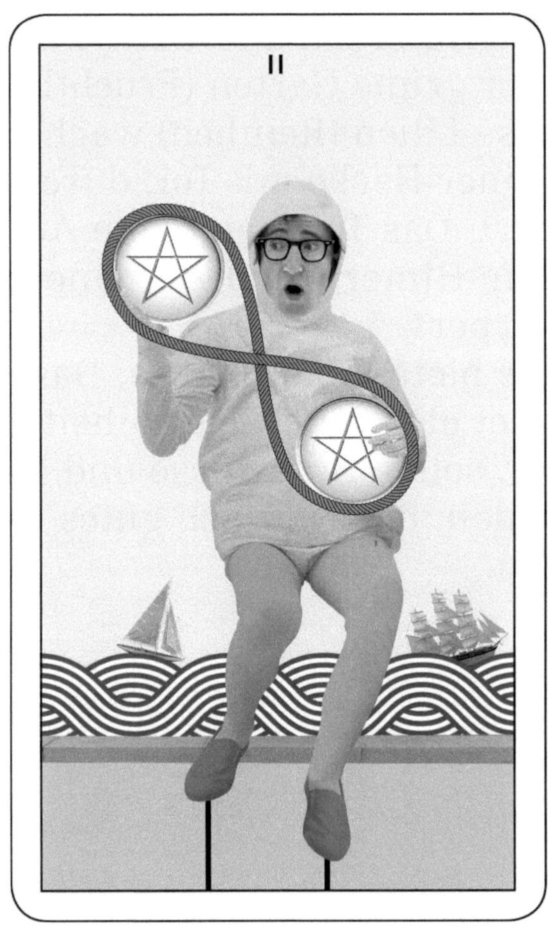

Mit den Möglichkeiten spielen

Mit tanzenden Bewegungen jongliert Woody Allen – als Spermium in seinem Film *Everything You Always Wanted to Know About Sex* – zwei Münzen in einer Unendlichkeitsschleife (das ewige Wechselspiel der Kräfte). Die abwechselnden Standpunkte seiner Füsse zeigen die Flexibilität, mit der er durchs Leben geht, das Jonglieren steht für seine Unbekümmertheit, Leichtigkeit und Verspieltheit. Die Schiffe, die von den Wellen nach oben und unten gespült werden, zeigen, dass Turbulenzen besser überstanden werden können, wenn sie locker angegangen werden.

Die *Zwei Münzen* zeigt Flexibilität und die Kunst, mit den Möglichkeiten zu spielen.

Liebe und Beziehung Unbekümmertheit, sorglose Verspieltheit, Wankelmut
Beruf Mit den Möglichkeiten spielen, mit dem Trend gehen, sich flexibel zeigen
Allgemein Flexibilität, spielerische Unentschlossenheit, mit der Strömung gehen, Leichtherzigkeit

III Three of Pentacles / Drei Münzen

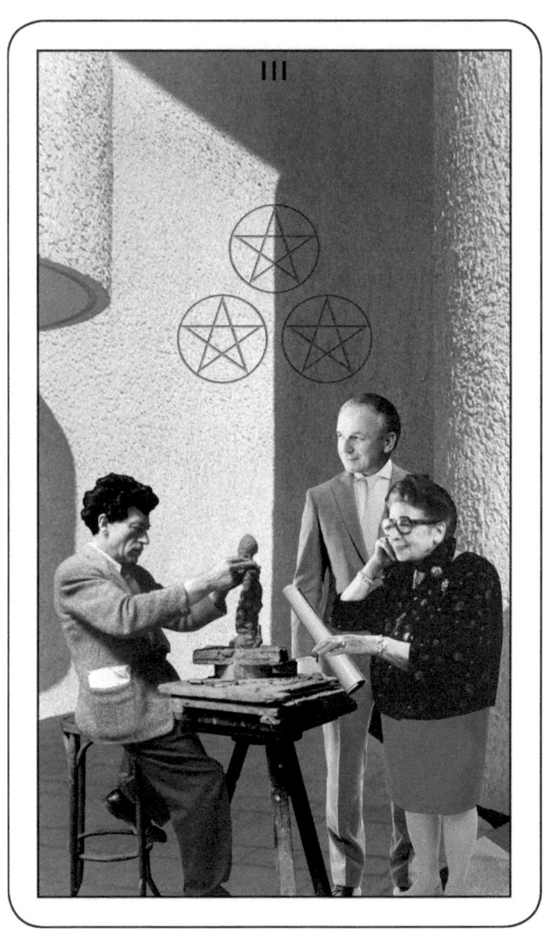

Fortschritt

Die Kunstsammler Hulda und Gustav Zumsteg besuchen Alberto Giacometti bei der Arbeit an einer Skulptur. Hulda hat eine Planrolle dabei, sie und ihr Sohn begutachten das Werk des Künstlers, der gerade sein Können unter Beweis stellen muss. Die Kunstsammler sind guter Dinge und schätzen, was sie sehen. Auch der Künstler ist von der Professionalität und Ernsthaftigkeit der potentiellen Käufer überzeugt. Ein Initiationsschritt wird hier dargestellt, und das alles vor dem Hintergrund von Le Corbusiers Kirche in Ronchamp.

Die *Drei Münzen* zeigt eine Prüfung, die bestanden wird und damit den Weg freimacht für eine reifere, anspruchsvollere Ebene.

Liebe und Beziehung Stabilität, eine Hürde überwinden, eine neue Ebene betreten
Beruf Beförderung, Sein Können unter Beweis stellen, sich für höhere Aufgaben qualifizieren
Allgemein Fortschritt, Prüfungen bestehen, eine alte Ebene überwinden

IV Four of Pentacles / Vier Münzen

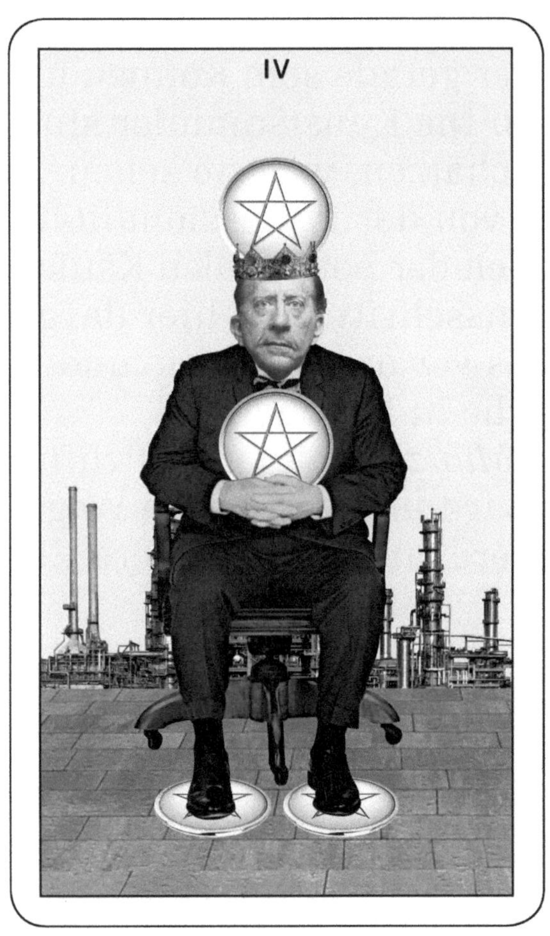

Klammern

Der Milliardär und Öl-Tycoon John Paul Getty ist der Inbegriff eines Geizhalses: Als sein Enkel, John Paul Getty III, 1973 entführt wird, ist er erst bereit, das Lösegeld (das er seinem Sohn und Vater des Jungen verzinst ausleiht) zu zahlen, nachdem er ein abgeschnittenes Ohr zugeschickt bekommt. Deswegen sitzt er auch ganz alleine auf einem Stuhl, hinter ihm ist eine Ölraffinerie zu sehen, die Quelle seines Reichtums. Die Münze auf seinem Kopf beschwert Getty, die beiden Exemplare unter seinen Füssen zeigen, dass er auf Sicherheit baut. Er ist sicherlich nicht bereit, eine seiner Münzen herzugeben, allerdings macht ihn das unbeweglich und einsam.

Die *Vier Münzen* zeigt, wie Klammern und Festhalten an materiellen Werten zu Unbeweglichkeit führt.

Liebe und Beziehung Klammern, Engherzigkeit, sich im Kreis drehen
Beruf Übertriebenes Sicherheitsbedürfnis, enge Verhältnisse, Geiz
Allgemein Aus Verdrossenheit eine wertvolle Chance verpassen, Unmut, Beleidigtsein

V Five of Pentacles / Fünf Münzen

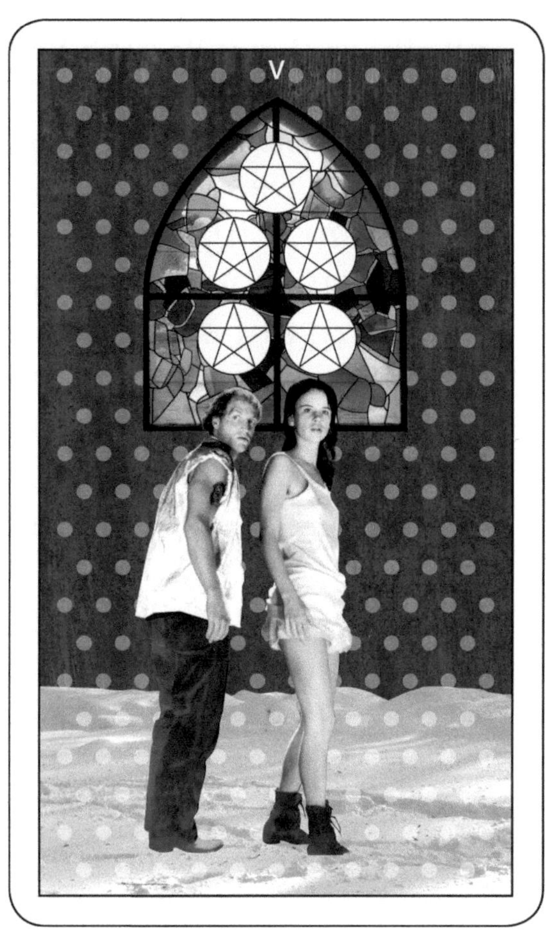

Mangel

Woody Harrelson und Juliette Lewis (als Mickey und Mallory Knox in Oliver Stones *Natural Born Killers*) stapfen nachts durch den Schnee, der Kälte und Beklommenheit darstellt. Sie frieren wegen ihrer unzureichenden Kleidung. Aus der Kirche, die ihnen Wärme und Sicherheit bieten könnte, sind die beiden ausgesperrt.

Die *Fünf Münzen* zeigt Mangel, Unsicherheit und Entbehrung. Sie kann einen finanziellen Engpass anzeigen, aber auch andere Bereiche, die auf brüchigem Boden stehen.

Liebe und Beziehung Zu kurz kommen, unsichere Zeiten, Verlassenheit
Beruf Unsicherheit, magere Ergebnisse, wirtschaftliche Durststrecke, Mangel
Allgemein Krise, Entbehrung, Engpass, brüchiger Boden, Armut, Risiken eingehen

VI Six of Pentacles / Sechs Münzen

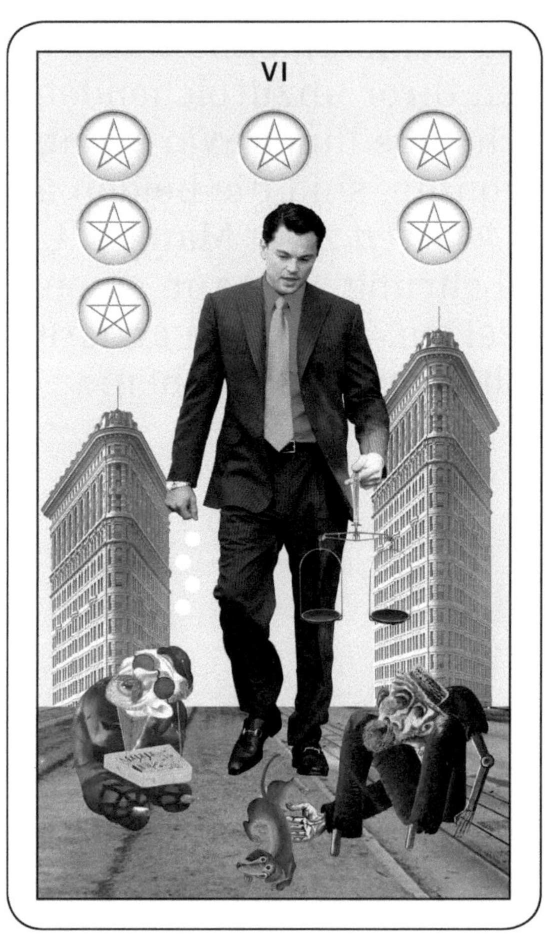

Grosszügigkeit

Aus seiner rechten Hand gibt er bewusst und wohlüberlegt, in seiner Linken hält er eine Waage als Zeichen seines ausgewogenen Handelns: Leonardo di Caprio schreitet als *Wolf of Wallstreet* durch die surreale Skyline New Yorks. Am Boden sitzen zwei Bettler, die von verschiedenen Gemälden Otto Dix' stammen. Sie werden beschenkt und lassen sich helfen. In den *Sechs Münzen* geht es um den monetären Status der Menschen, der sich jederzeit ändern kann, und auch darum, dass es sich lohnt zu geben, weil es die Bereitschaft weckt, auch etwas anzunehmen.

Die *Sechs Münzen* steht für ein ausgewogenes Geben und Nehmen. Darüber hinaus zeigt die Karte, dass wir Unterstützung bekommen und beschenkt werden oder auch einfach, dass sich etwas lohnt.

Liebe und Beziehung Grossherzigkeit, Verständnis, Toleranz, Wohlwollen, geben und nehmen können
Beruf Grosse Hilfe, Unterstützung, Belohnung, gefördert werden
Allgemein Grosszügigkeit, schenken und beschenkt werden, Toleranz, Hilfsbereitschaft

VII Seven of Pentacles / Sieben Münzen

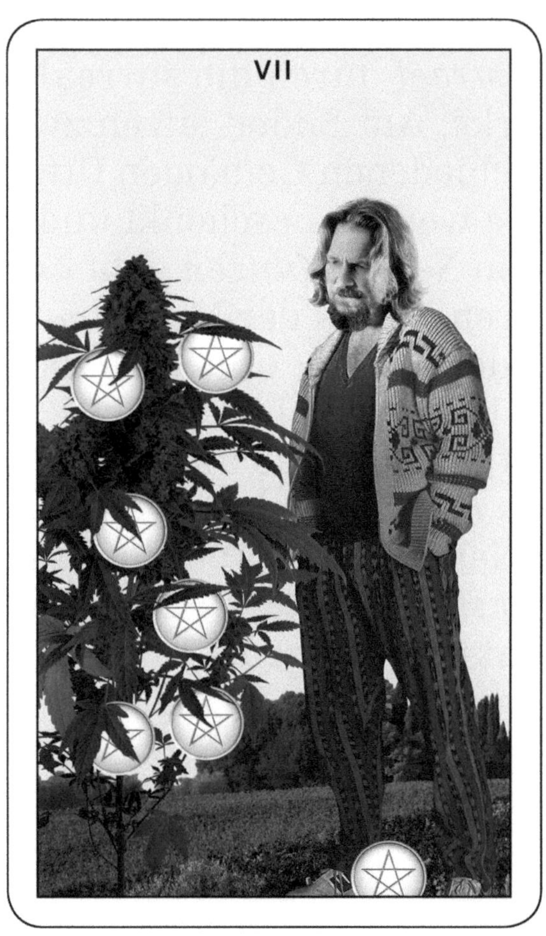

Geduld

Der Gärtner Jeff Bridges (in der Rolle des *Dude* in *The Big Lebowski*) freut sich darüber, dass die Pflege und Arbeit, die er in die Aufzucht seiner Pflanze gesteckt hat, zu wachsenden Werten führen. Er wartet, bis die Früchte (Münzen) reif sind.

Die *Sieben Münzen* zeigt, dass sich die Dinge gut entwickeln, wenn man ihnen genügend Zeit lässt. Die Karte sagt aber nichts darüber aus, ob der Fragende genügend Geduld aufbringt oder durch vorzeitige Ernte das gute Ergebnis zerstört.

Liebe und Beziehung Stabilität und Wachstum, Schwangerschaft
Beruf Geduldsprobe, Früchte, die nur langsam reifen
Allgemein Geduld, langsames, aber nachhaltiges Wachstum, Zeit des Reifens

VIII Eight of Pentacles / Acht Münzen

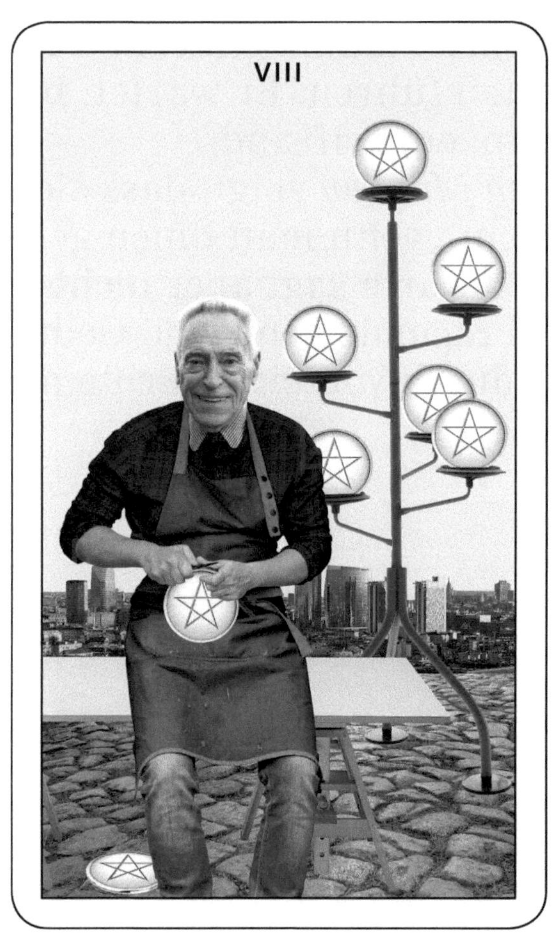

Aussichtsreicher Neubeginn

In jede der *Acht Münzen* schnitzt Achille Castiglioni fünfeckige Sterne und bei jeder, an der er arbeitet, wird seine Arbeit präziser und besser. Er sitzt auf seinem *Leonardo* Tisch, die bereits abgeschlossenen Arbeiten sind auf der Blumentopfhalterung *Albero* (beide für *Zanotta*) präsentiert. Geographisch etwas ausserhalb seiner Heimatstadt Mailand – der Konzentration wegen – arbeitet er mit viel Hingabe an einem Langzeitprojekt. Er ist ein Lernender, aber auch stolz, das bisher Erreichte vorzuzeigen.

Die *Acht Münzen* zeigt, dass man am Beginn einer Entwicklung steht, die sich mit der Zeit sehr schön entfalten wird, wenn man am Ball bleibt.

Liebe und Beziehung Ein neuer Start, neue Impulse, kontinuierlicher Fortschritt
Beruf Neue, langfristige, aussichtsreiche Aufgabe, Aufbauphase
Allgemein Anfang, neues Lernen, wohlüberlegter Neubeginn

IX Nine of Pentacles / Neun Münzen

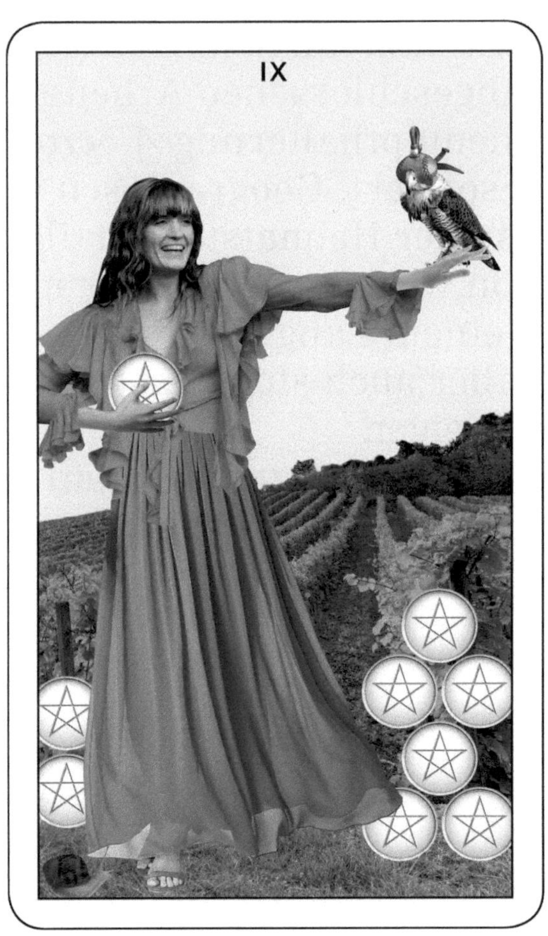

Glücksfall

Ein Jagdfalke lässt Florence Welch (die Sängerin der Band *Florence and the Machine*) wissen, wann der richtige Moment ist zuzupacken, und stellt ihre intellektuelle und spirituelle Selbstkontrolle dar. Der üppige Garten um sie herum sowie auch die Kleidung sind Zeichen ihres Wohlstands. In der unteren linken Ecke kriecht eine kleine Schnecke, die auch ihren inneren Reichtum zum Ausdruck bringt. Die Weinreben im Hintergrund stehen für das süsse Leben.

Die *Neun Münzen* zeigt die Gunst des Augenblicks und damit die gute Gelegenheit, einen echten Gewinn zu machen.

Liebe und Beziehung Glück in der Liebe, erfreuliche Überraschung
Beruf Glück, günstige Wendung, gute Gelegenheit, Geldsegen
Allgemein Günstiger Augenblick, Gewinn, plötzliche Besserung

X Ten of Pentacles / Zehn Münzen

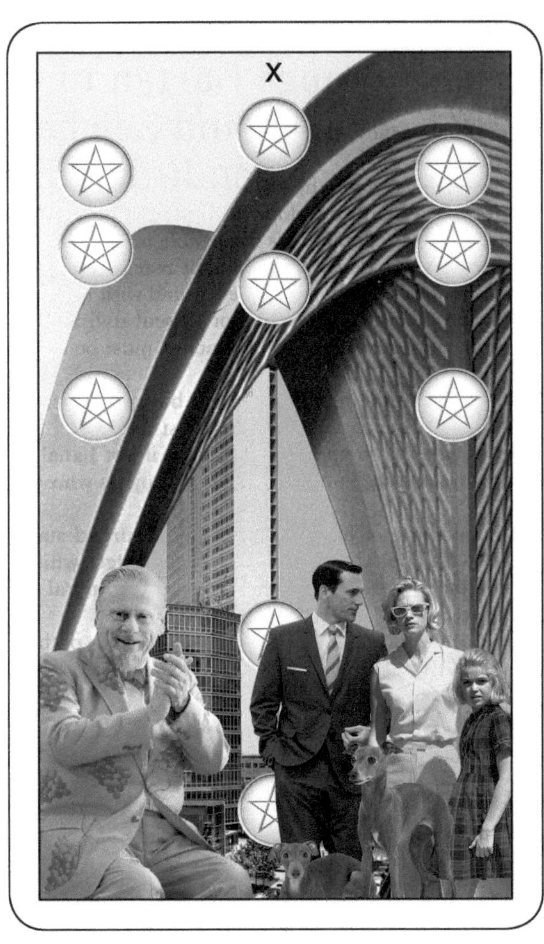

Reichtum

Der Mann, der sich im Vordergrund freut, ist Bert Cooper, Mitbesitzer der Werbeagentur *Sterling Cooper Draper Pryce* in der Serie *Mad Men*. Der Stoff seines Anzug hat ein Muster aus Weintrauben, was bedeutet, dass er dank seines Alters weise ist, aber dennoch gerne das süsse Leben geniesst. Die gut gekleideten Menschen im Torbogen von Pier Luigi Nervi sind Don, Betty und Sally Draper, die Wohlstand ausstrahlen, zwei Hunde als Vertreter der Instinkte begleiten sie. Das *Pirelli Hochhaus* (von Giò Ponti und Pier Luigi Nervi) steht für Reichtum und Sicherheit. Übrigens: Die Form, in der die *Zehn Münzen* abgebildet sind, ist eine Darstellung der göttlichen Schöpfung (*Sephirot*) beim mythischen Motiv des Lebensbaumes.

Die *Zehn Münzen* zeigt Sicherheit, Fülle und Reichtum. Dabei kann es auch um einen grossen, inneren Reichtum gehen, den man finden kann, wenn man sich von seinen Instinkten leiten lässt.

Liebe und Beziehung Stabilität, Familienglück, ein Zuhause finden
Beruf Sicherer Arbeitsplatz, gute Geschäfte, Erfüllung
Allgemein Reichtum, Sicherheit, Erfolg, solides Fundament

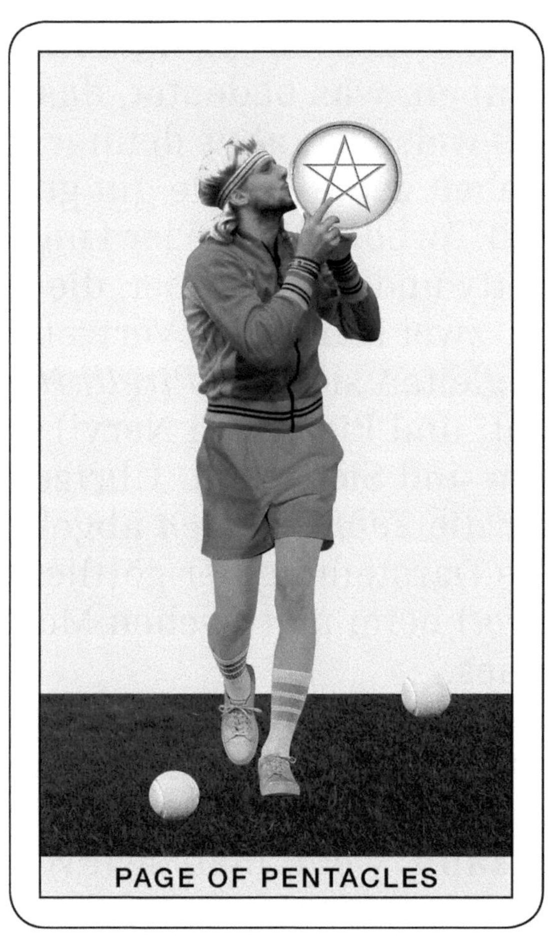
PAGE OF PENTACLES

Wertvolle Impulse

Der Bube und Impulsgeber Björn Borg küsst für einmal nicht den Pokal von *Wimbledon*, sondern einen anderen greifbaren Wert: Die Münze, die für Solides und Beständiges steht. Der grüne Tennisrasen repräsentiert Fruchtbarkeit.

Der *Bube der Münzen* symbolisiert einen wertvollen, verlässlichen Impuls, der von aussen kommt und uns bereichert.

Liebe und Beziehung Eine bereichernde Begegnung, eine wertvolle Geste des Partners
Beruf Ein lukratives Angebot, eine solide Offerte, eine Chance, Geld zu verdienen
Allgemein Ein guter Vorschlag, ein wertvoller Impuls

Knight of Pentacles / Ritter der Münzen

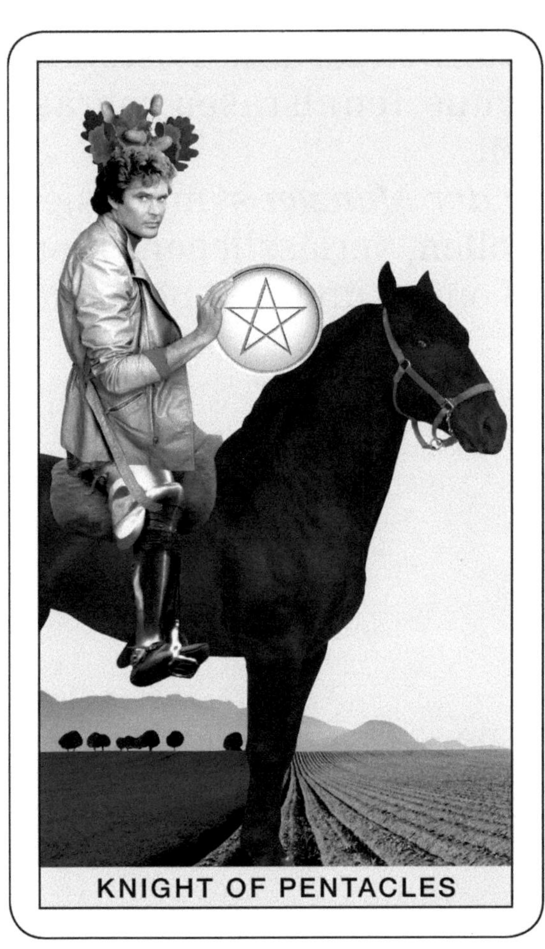

Stabilität

Die Eicheln, die David Hasselhoff als Kopfschmuck trägt, sowie das Ackerland im Hintergrund symbolisieren Fruchtbarkeit, die Münze in seiner Hand Werte und Sicherheit. Ein starker Rappe, der – ähnlich wie das fleissige Auto K.I.T.T. in *Knight Rider* – eine grosse Durchhaltefähigkeit verspricht, steht stramm im Gelände mit dem kraftvollen Ritter auf dem Rücken. Hasselhoffs Haltung zeigt, dass er gut verwurzelt ist und so schnell nicht mehr weggeht. Fast könnte man ihm das als Sturheit auslegen.

Der *Ritter der Münzen* symbolisiert ein stabiles, beständiges Klima, eine Atmosphäre der Sicherheit, in der tüchtig und mit guten Ergebnissen gearbeitet wird.

Liebe und Beziehung Beständige, vertraute Beziehung
Beruf Gesunde Basis, arbeitsames, solides Umfeld, Sicherheit
Allgemein Solide, gediegene Atmosphäre,
Klima der Beständigkeit, aber auch Sturheit

Queen of Pentacles / Königin der Münzen

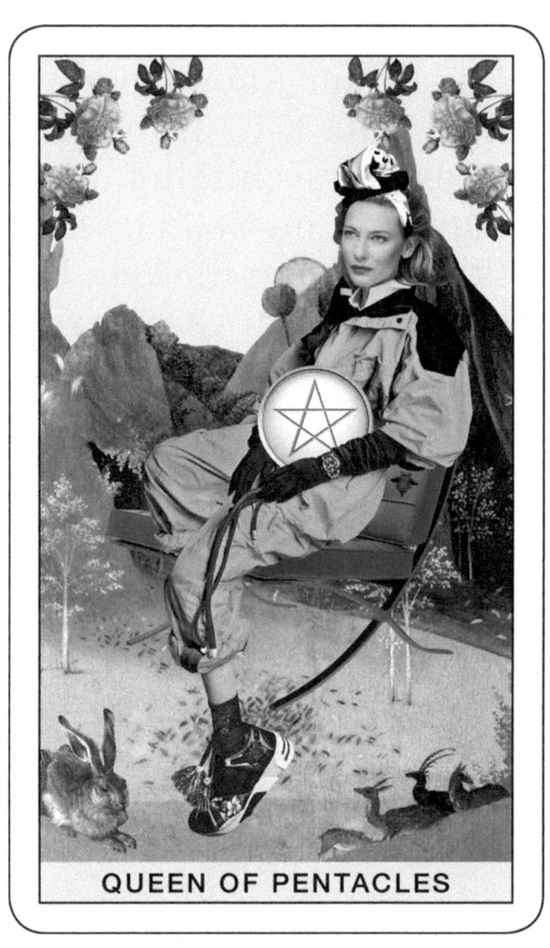

Die zuverlässige Frau

Auf einem *Barcelona Chair* von Ludwig Mies van der Rohe sitzt die offene und empfängliche *Königin der Münzen*. Cate Blanchet hält ihre Münze behutsam im Schoss, was für ihren pfleglichen Umgang mit Werten spricht. Albrecht Dürers *Feldhase* zu ihren Füssen, die blühenden Blumen und *Der Garten Eden* von Hieronymous Bosch symbolisieren Fruchtbarkeit. Der Ziegenkopf (als Emblem auf dem Sessel) steht für Sinnlichkeit.

Die *Königin der Münzen* wird als eine zuverlässige, geschickte, bodenständige und tüchtige Frau dargestellt, die sorgsam mit dem umgeht, was sie besitzt und was man ihr anvertraut.

Liebe und Beziehung Eine gutmütige, manchmal auch herbe Frau, treu, geniesserisch, voller sinnlicher Wärme
Beruf Eine zuverlässige, praktische, geschäftstüchtige Frau
Allgemein Eine erdverbundene, wirklichkeitsnahe, gutmütige Frau, fleissig, patent, sinnlich

King of Pentacles / König der Münzen

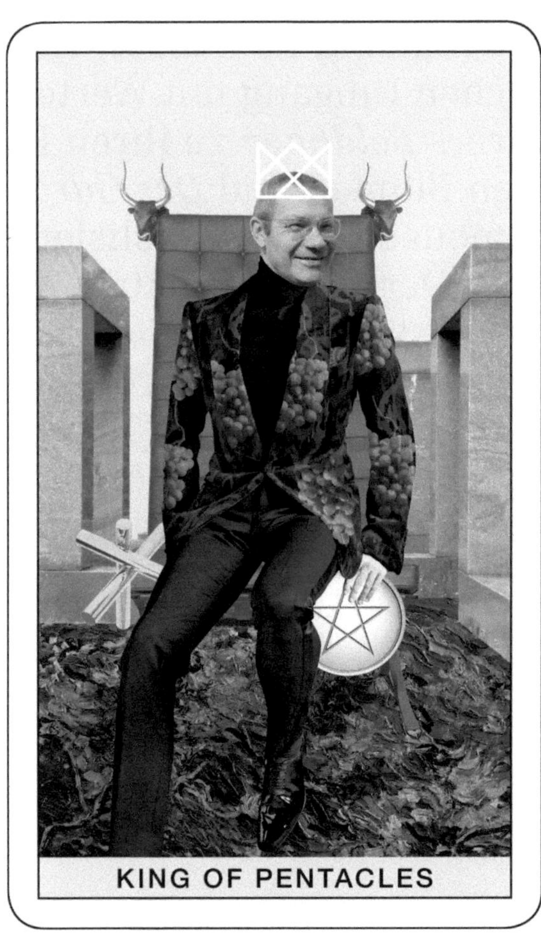

Der bodenständige Mann

Alle Könige sind souverän und aktiv: Dieser ist auch ziemlich zufrieden. Ein Jacket mit Traubenmuster und der Untergrund (*Der grüne Rebberg* von Vincent van Gogh), auf dem der modifizierte *Barcelona Chair* steht, betonen seine Freude an Genuss und Sinnlichkeit. Die beiden Stiere am Sessel (Trankopfergefässe aus Knossos) zeigen Max Bills Bodenständigkeit. Das Zepter in der Rechten steht für das rationale Handeln, die Münze in der Linken für eine gute Intuition im Umgang mit Werten. Zumindest in monetären Belangen fehlt es ihm an nichts: Das zeigt uns die Max-Bill-Anlage (Winterthur) im Hintergrund.

Der *König der Münzen* wird als ein reicher, genussfreudiger und zuverlässiger Mann dargestellt.

Liebe und Beziehung Ein gutmütiger, manchmal auch herber Mann, treu, geniesserisch, voller sinnlicher Wärme
Beruf Ein zuverlässiger, praktischer, geschäftstüchtiger Mann
Allgemein Ein erdverbundener, wirklichkeitsnaher, gutmütiger Mann, fleissig, patent, sinnlich

Anhang

Aufbau
Legemethoden

Aufbau

Bei der Gestaltung der Karten haben wir uns stark an die Symbolik und den visuellen Aufbau des *Rider Waite-Tarot* gehalten. Nachfolgende Beispiele sollen die Ähnlichkeit der beiden Decks aufzeigen und den Leser motivieren, sie zu vergleichen. Der Vorgänger ist ohne Probleme im Internet zu finden.

Übrigens: Ähnlichkeiten bestehen auch zum *Tarot de Marseille*, das wiederum die Vorlage für das *Rider Waite-Tarot* war.

VI The Lovers / Die Liebenden

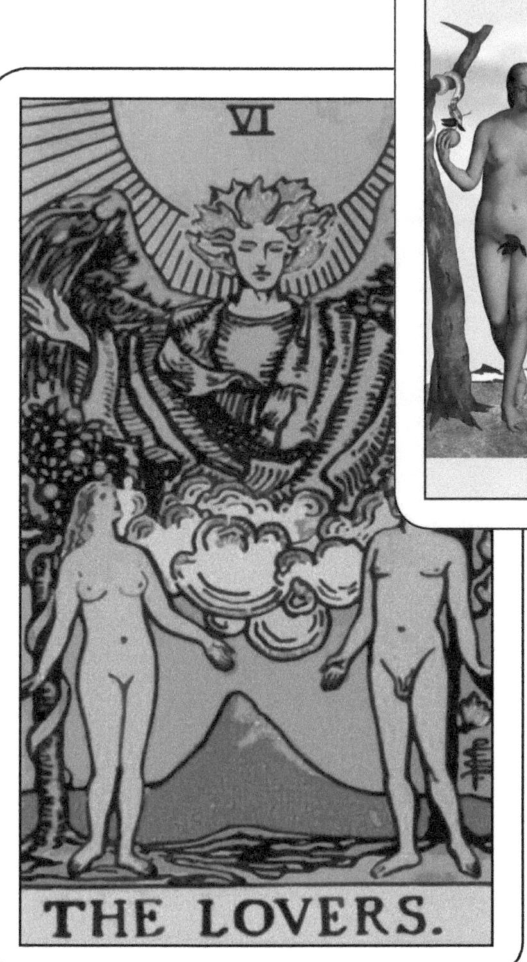

Rider Waite-Tarot

The New Tarot

VIII Eight of Swords / Acht Schwerter

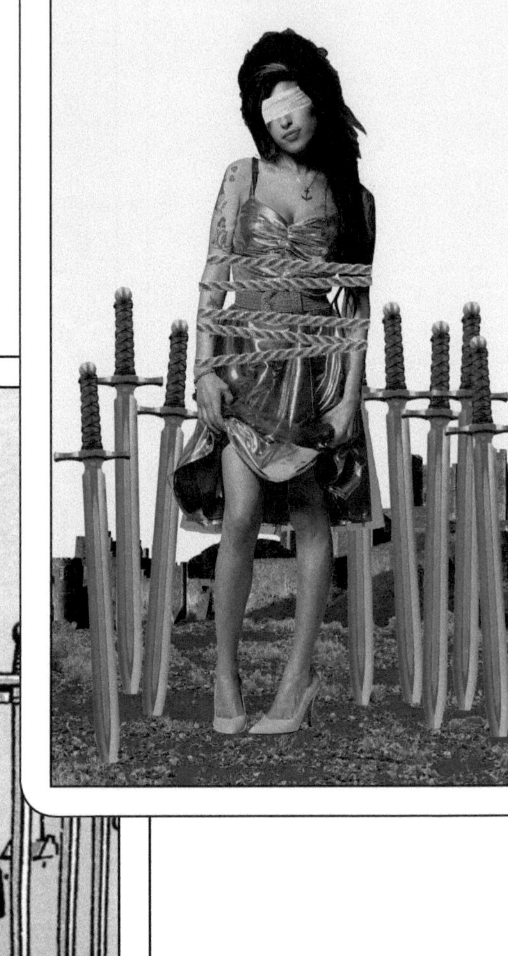

VIII

Rider Waite-Tarot

The New Tarot

King of Cups / König der Kelche

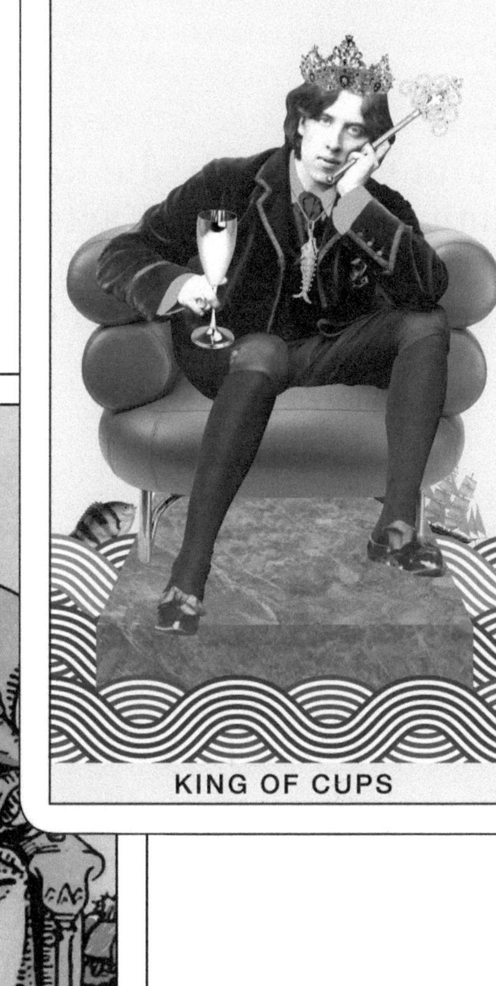

KING of CUPS.

Rider Waite-Tarot

The New Tarot

Legemethoden

Es gibt viele Arten, die Karten zu legen. Damit der Leser die Karten auch ausprobieren kann, beschränkt sich dieser Teil auf ein paar einfache Anwendungen.

1. Vor dem Ziehen die Karten mischen und fächerartig ausbreiten.

2. An eine Frage denken, die sich nicht mit Ja oder Nein beantworten lässt, sondern eine Tendenz enthält. Beispielsweise: «Was passiert, wenn ich X wähle, und was passiert, wenn ich Y wähle?» Wird für jemand anderen gelegt, müssen die Karten immer vom Fragenden gezogen werden, ausser dieser ist dazu emotional oder körperlich nicht imstande.

3. Die Karten – die Menge ergibt sich aus dem zuvor ausgesuchten Legesystem – mit der linken Hand (der Hand des Herzens) ziehen und auf einen Stapel legen (die unterste Karte ist Karte 1).

4. Die Karten nach dem Legesystem anordnen und deuten.

Das Kreuz

Das Kreuz gibt Auskunft über die Beurteilung oder den Verlauf einer Situation. Eine klassische Fragestellung ist beispielsweise: «Wie steht es mit meinem Beruf/meiner Beziehung/meinem Vorhaben?», oder: «Wie soll ich mich verhalten, wenn Situation X eintrifft?»

Karte 1 Darum geht es
Karte 2 Das sollten Sie nicht tun
Karte 3 Das sollten Sie tun
Karte 4 Dahin führt es/Dafür ist es gut

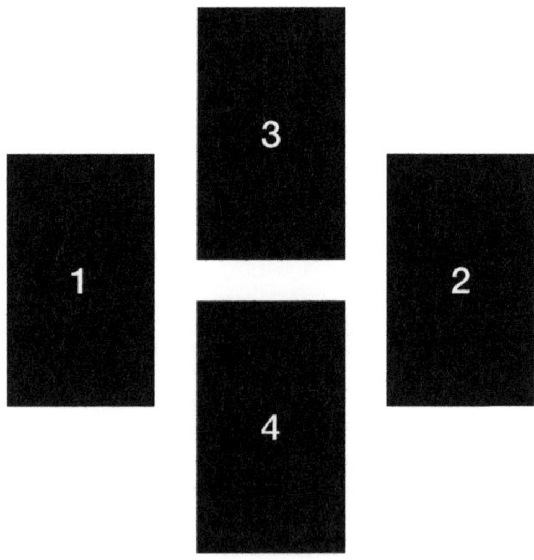

Das Liebesorakel

Das Liebesorakel gibt Auskunft über den Stand einer Beziehung oder einen guten Rat. Eine klassische Fragestellung ist beispielsweise: «Wie steht es um meine Beziehung?», oder: «Wie steht er/sie zu mir?», oder: «Was kann/sollte ich für die Beziehung tun?»

Karte 1 Darum geht es
Karte 2 Was den Fragenden innerlich bewegt
Karte 3 Wie der andere zum Fragenden steht
Karte 4 Was das Orakel dem Fragenden rät

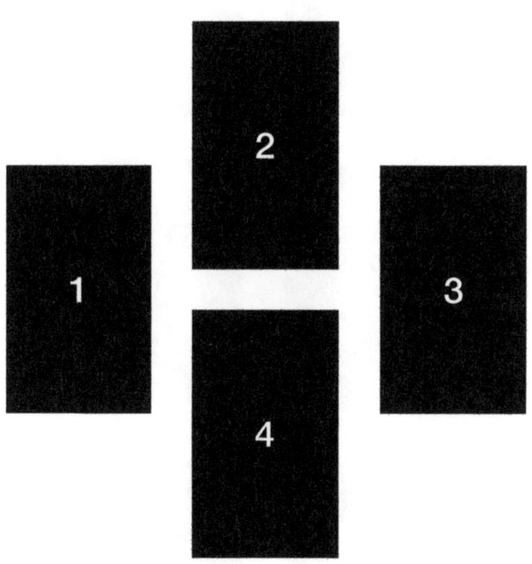

Das Partnerspiel

Das Partnerspiel gibt Aukunft, wie zwei Menschen zueinander stehen. Eine klassische Fragestellung ist beispielsweise: «Wie steht es mit unserer Beziehung?», oder: «Wie stehen wir zueinander?». Das Partnerspiel legt man zu zweit. Während des Aufdeckens der einzelnen Karten sagt der jeweilige Partner:

Karte 1 «So sehe ich Dich»
Karte 2 «So sehe ich mich»
Karte 3 «So sehe ich unsere Beziehung»

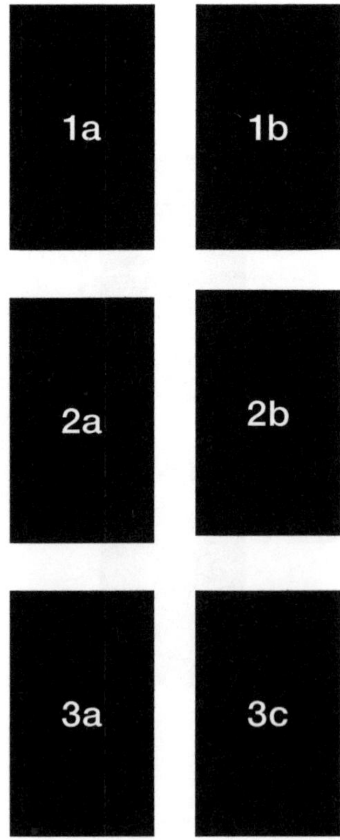

Der Kompass

Die Grundform ist eine einfache Tendenzlegung. Eine typische Frage wäre: «Wie geht es weiter mit X?»

Karte 1 Darum geht es
Karte 2 Das kommt als erstes
Karte 3 So reagieren andere
Karte 4 Darauf läuft es hinaus

>

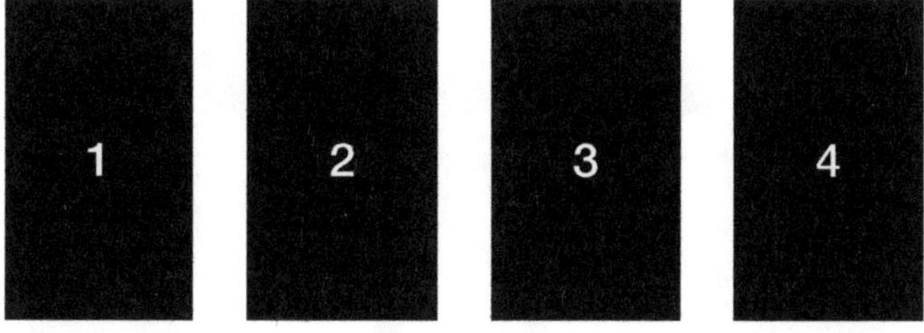

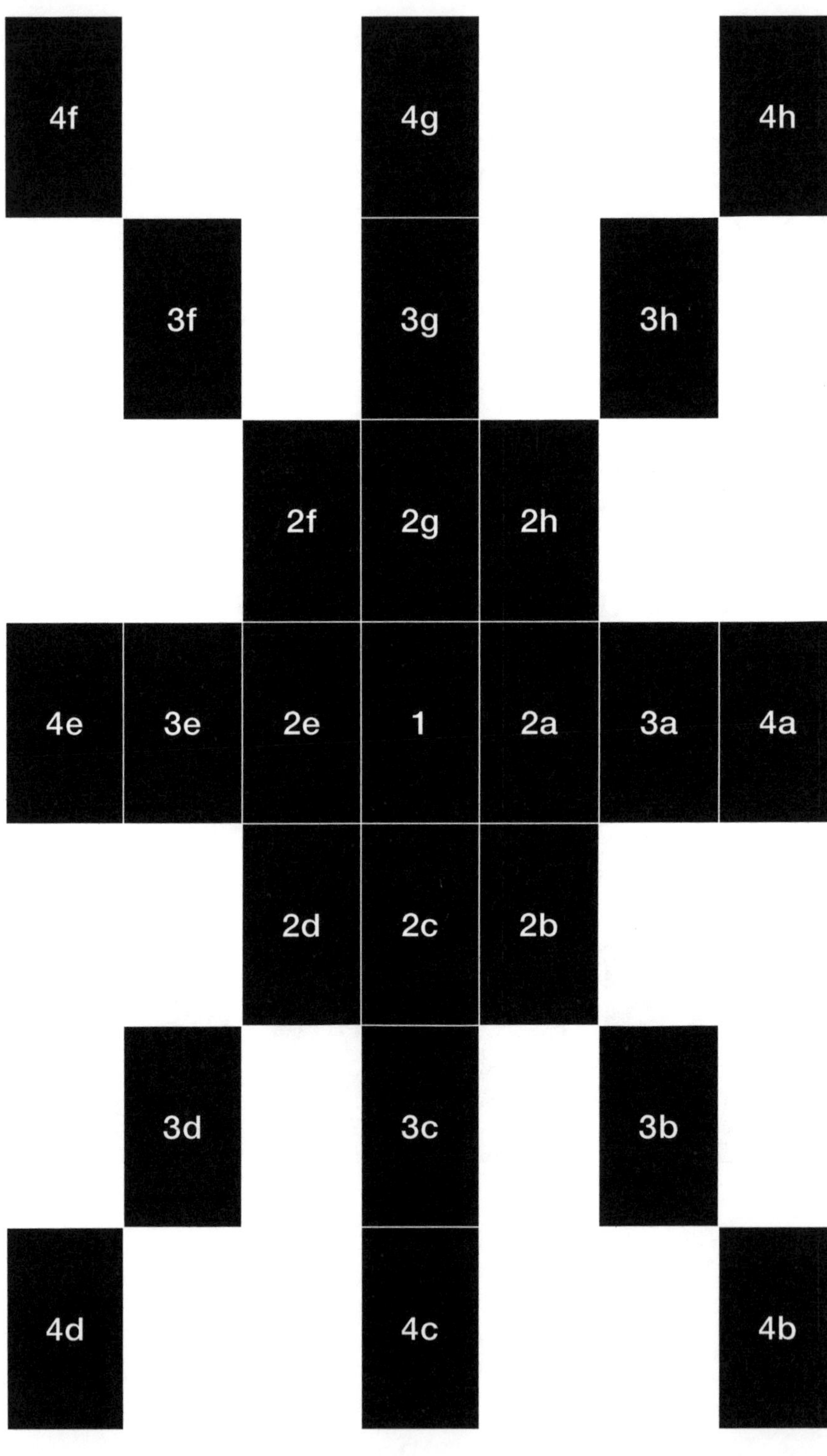
4f
4g
4h
3f
3g
3h
2f
2g
2h
4e
3e
2e
1
2a
3a
4a
2d
2c
2b
3d
3c
3b
4d
4c
4b

In der erweiterten Form wird die Legemethode *Der Kompass* zu einer Entscheidungshilfe. Nachdem die ersten vier Karten gedeutet sind, können weitere Aussichten, Wege, Optionen oder Vorgehensweisen betrachtet werden. Die neue Frage könnte lauten: «Wie sind die Aussichten auf Weg A, B, C, usw.?»

Dazu werden für jede ernsthafte Alternative drei neue Karten gezogen und aufgedeckt. Diese können auf die verschiedenen Plätze (a, b, c, d…) gelegt werden. Nur die Karte 1 bleibt unverändert und gilt für die gesamte Legung.

Weiterführende Literatur

- Hajo Banzhaf, *Tarot für Anfänger*, Verlag Königsfurt Urania
- Hajo Banzhaf, *Gut beraten mit Tarot*, Verlag arkana
- Paul Foster Case, *Tarot*, Verlag fabrica libri
- Jude Talbot (Hrsg.), *Zahl, Farbe, Trumpf. Die Geschichte der Spielkarten*, Verlag Gerstenberg

Impressum

Idee, Gestaltung und Texte
Weicher Umbruch,
Andrea Münch, Markus Läubli

Lektorat
Helen Münch

Danke
Judith Stoletzky für das gute Englisch,
Michèle Roten für das Bild bei *Zehn Schwerter*,
Google und Photoshop

Vierte Auflage, November 2021
ISBN 978-3-7504-2069-4

78 Tarot-Karten zu diesem Begleitbuch:
Neu gestaltet mit ikonischen Figuren, Produkten und Symbolen aus der Popkultur – und ein wenig Kunst.

Karten und Bücher sind erhältlich auf weicherumbruch.ch